HORST-DIETER BLUME
EINFÜHRUNG IN DAS ANTIKE THEATERWESEN

DIE ALTERTUMSWISSENSCHAFT

Einführungen in Gegenstand, Methoden und Ergebnisse
ihrer Teildisziplinen und Hilfswissenschaften

1984
WISSENSCHAFTLICHE BUCHGESELLSCHAFT
DARMSTADT

HORST-DIETER BLUME

EINFÜHRUNG
IN DAS
ANTIKE THEATERWESEN

1984
WISSENSCHAFTLICHE BUCHGESELLSCHAFT
DARMSTADT

Die 1. Auflage erschien 1978

CIP-Kurztitelaufnahme der Deutschen Bibliothek

Blume, Horst-Dieter:
Einführung in das antike Theaterwesen / Horst-
Dieter Blume. – 2., durchges. Aufl. – Darmstadt:
Wissenschaftliche Buchgesellschaft, 1984.
  (Die Altertumswissenschaft)
  ISBN 3-534-04244-1

2 3 4 5

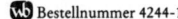 Bestellnummer 4244-1

2., durchgesehene Auflage
© 1984 by Wissenschaftliche Buchgesellschaft, Darmstadt
Satz: Hagedorn, Berlin
Druck und Einband: Wissenschaftliche Buchgesellschaft, Darmstadt
Printed in Germany
Schrift: Linotype Garamond, 9/11

ISSN 0174-0849
ISBN 3-534-04244-1

INHALT

VORWORT ZUR ERSTEN AUFLAGE

Eine Einführung in ein Fachgebiet zu schreiben stellt in methodischer Hinsicht ähnliche Anforderungen wie ein zusammenfassender Forschungsbericht. Dem Autor wird Selbstdisziplin und Entsagung abverlangt, denn er soll möglichst nur das gesicherte Material vorlegen und auswerten, sich dagegen aller Hypothesen — fremder wie eigener — enthalten. Auf dem Gebiet des antiken Theaterwesens stößt man bei diesem Bemühen allerdings schnell an seine Grenzen. Weil uns das lückenhafte Quellenmaterial oft im Stich läßt, sind wir auf die Schlüsse der modernen Wissenschaft angewiesen; sobald man aber die Wahl zu treffen hat zwischen einander widersprechenden Ansichten, gerät man mitten in die Auseinandersetzungen hinein. Im Rahmen der hier gestellten Aufgabe war ein flüssig lesbarer Text, der die wesentlichen Aspekte des weitgespannten Themas hervorhebt und gleichwohl dessen Probleme nicht ausweicht, das erstrebte Ziel. Sollte diesem Ziel zuliebe die eine oder andere Formulierung etwas entschiedener ausgefallen sein als es der komplizierte Sachverhalt eigentlich nahelegt, so möge der Fachmann dies nachsichtig beurteilen.

Der Verf. hat sich im Lauf der Jahre durch einen wahren Hirsebreiberg von Literatur hindurchgearbeitet, abweichende Meinungen nach bestem Wissen berücksichtigt und in den Anmerkungen zitiert. Diese Anmerkungen dienen also nicht allein der Bekräftigung des jeweils vorgetragenen Standpunktes, sondern enthalten darüber hinaus Material für weitere Diskussion, die in extenso im Text nicht geführt werden konnte. Dem Lektorat der Wissenschaftlichen Buchgesellschaft sei an dieser Stelle ausdrücklich für das Entgegenkommen gedankt, die Anmerkungen dieses Bandes abweichend von der geübten Praxis direkt unter den Text zu setzen.

K. Matthiessen hat das Manuskript in einer frühen Fassung gelesen und durch seine Kritik gefördert. Bewährte Helfer beim Korrekturlesen waren mir J. Coenen, K.-H. Gerschmann und R. Stupperich, der mir außerdem in archäologischen Fragen und bei der Auswahl der Bildvorlagen zur Seite stand. Ein besonderer Dank aber gebührt meiner Frau; sie hat durch ihren Zuspruch und ihre Kritik bewirkt, daß dies Büchlein endlich doch noch zustande kam.

VORWORT ZUR ZWEITEN AUFLAGE

Der Text der Darstellung konnte bis auf wenige Korrekturen und Zusätze beibehalten werden. In den Anmerkungen dagegen waren Eingriffe nicht zu vermeiden, weil hier wichtige Neuerscheinungen soweit wie möglich Berücksichtigung finden sollten. Ich möchte der Wissenschaftlichen Buchgesellschaft für ihre Bereitwilligkeit, alle Änderungen neu zu setzen, statt sie in einem Anhang am Schluß des Buches zusammenzufassen, an dieser Stelle ausdrücklich danken. Für die Bearbeitung ergab sich daraus allerdings eine gewisse Schwierigkeit: Da angesichts des vorgegebenen Satzspiegels kein zusätzlicher Raum zur Verfügung stand, mußte überall dort, wo Neues hinzugefügt wurde, bereits Vorhandenes knapper formuliert werden. Der Deutlichkeit hat das, wie ich hoffe, keinen Abbruch getan. Schließlich wurde noch das Bildmaterial enger mit der Darstellung verknüpft; der Leser findet am Rand Verweise auf die jeweiligen Abbildungen.

ABKÜRZUNGSVERZEICHNIS

AA	Archäologischer Anzeiger
A & A	Antike und Abendland
AJPh	American Journal of Philology
ANRW	Aufstieg und Niedergang der Römischen Welt. Festschrift J. Vogt, Berlin 1972 ff.
A & R	Atene e Roma
BCO	Bibliotheca Classica Orientalis
BICS	Bulletin of the Institute of Classical Studies (London)
BPhW	Berliner Philologische Wochenschrift
CGF	Comicorum Graecorum Fragmenta (ed. Kaibel)
CIL	Corpus Inscriptionum Latinarum
CPh	Classical Philology
CQ	Classical Quarterly
CR	Classical Review
FGrHist	Die Fragmente der griechischen Historiker (ed. Jacoby)
GGA	Göttingische Gelehrte Anzeigen
GGL	Geschichte der Griechischen Literatur (Schmid-Stählin; Lesky)
GrLitPap	Greek Literary Papyri (ed. Page, Loeb Classical Library)
G & R	Greece and Rome
GRBS	Greek, Roman and Byzantine Studies
IG	Inscriptiones Graecae
JAC	Jahrbuch für Antike und Christentum
JDAI	Jahrbuch des Deutschen Archäologischen Instituts
JHS	Journal of Hellenic Studies
JÖAI	Jahreshefte des Österreichischen Archäologischen Instituts
JRS	Journal of Roman Studies
LAW	Lexikon der Alten Welt (Artemis-Verlag)
LSJ	Liddell-Scott-Jones (Greek-English Lexicon)
MDAI (A)	Mitteilungen des Deutschen Archäologischen Instituts (Athen. Abt.)
MH	Museum Helveticum
NGG	Nachrichten von der Gesellschaft der Wissenschaften zu Göttingen
NJA	Neue Jahrbücher für das Klassische Altertum (Joh. Ilberg)
PP	La Parola del Passato
RE	Realencyclopädie der classischen Altertumswissenschaft
RhM	Rheinisches Museum
SIFC	Studi Italiani di Filologia Classica

TAPhA   Transactions and Proceedings of the American Philological
          Association
TrGF   Tragicorum Graecorum Fragmenta (ed. Nauck; Snell)
WS   Wiener Studien
YCS   Yale Classical Studies
ZPE   Zeitschrift für Papyrologie und Epigraphik

I. EINLEITUNG

Das Drama kann, weil es den Zuschauer im Theater unmittelbar anspricht und mit seinen Stoffen konfrontiert, eher als andere Gattungen der Literatur die Barrieren räumlicher und zeitlicher Distanz überwinden. So vermochten die Tragödien und Komödien des 5. Jh.s bis heute über den Kreis von Fachleuten und Interessenten hinaus zu wirken, und wir begegnen ihnen nach bald zweieinhalb Jahrtausenden immer noch als lebendigen Kunstwerken, die ungeachtet der veränderten Aufführungsbedingungen ihre dramatische Kraft behaupten. Die Gelegenheiten zu solchen Begegnungen sind mannigfacher Art: Dramen der drei attischen Tragiker, Komödien des Aristophanes und hin und wieder sogar ein Stück des Plautus und Terenz gelangen bald in Übersetzung, bald in freier Bearbeitung auf die Spielpläne nicht weniger unserer Theater.[1] Darüber hinaus erleben zahlreiche Touristen alljährlich in Athen, Epidauros, Dodona oder Syrakus Aufführungen klassischer Dramen. Exemplarische Inszenierungen werden durch das Fernsehen einem nach Zehntausenden zählenden Publikum nahegebracht, und schließlich haben einige Stoffe höchst eindrucksvolle Verfilmungen erfahren. All dies trägt dazu bei, daß griechische Dramen wenn nicht mehr gelesen, so doch wenigstens angeschaut werden, auch wenn heutzutage die antike Mythologie nicht mehr zum allgemein verbindlichen Bildungsgut zählt.

Im Mittelpunkt jeder literatur- oder theaterwissenschaftlichen Beschäftigung mit dem antiken Drama stehen die Texte. Es kann niemanden verwundern, daß diese als Dokumente einer historisch fixierbaren fernen Epoche uns Heutigen in vielerlei Hinsicht fremd geworden sind; inhärente Schwierigkeiten einfach zu leugnen, Diskrepanzen zu harmonisieren und unseren Vorstellungen und Denkgewohnheiten anzupassen, wäre ganz verfehlt. Wir müssen statt dessen versuchen, ihren geschichtlichen und kulturellen Hintergrund zu erhellen, müssen

---

[1] W. Schadewaldt, Antike Tragödie auf der modernen Bühne, Jahresheft Akad. Wiss. Heidelberg 1955/56, oft nachgedruckt, z. B. in: Antike und Gegenwart, München 1966; in: Hellas und Hesperien, 2. Aufl. Zürich 1970, II, S. 622—650; in: Sophokles, Darmstadt 1967, S. 500—536. Vgl. Bieber, History, S. 254—270; S. Melchinger, Aischylos auf der Bühne der Neuzeit, in: Wege zu Aischylos I, Darmstadt 1974, S. 443—475.

die antiken Werke aus den besonderen Bedingungen ihres Entstehens heraus verständlich machen. Dabei wird hoffentlich deutlich werden, in welch hohem Maße die äußeren Umstände der Aufführung den Charakter der Werke prägen.

Das griechische Drama der klassischen Zeit ist ein komplexes Gebilde: Gesprochenes Wort, Musik und Tanz bildeten eine Einheit, von deren Eigenart wir uns kein genaues Bild mehr machen können, weil die Überlieferung uns nur das erste der drei genannten Elemente bewahrt hat. Aischylos war dafür berühmt, daß er zahlreiche neue Tanzfiguren für seine Chöre erfand,[2] die Choreographie zielte vermutlich auf eine tänzerische Mimesis, welche die Handlung verdeutlichen half. Euripides andererseits genoß besonderen Ruhm als Komponist, wir hören, daß seine Lieder und Arien in aller Munde waren.[3] Solche Nachrichten lassen uns die Schwere des Verlustes ermessen, den wir durch die Reduktion auf den bloßen Text erlitten haben; ohne das Tänzerische und ohne das Musikalische ist eine historisch getreue Wiedergabe nicht zu erreichen. Trotzdem hat man dies immer wieder versucht, und wir verdanken einem solchen vergeblichen Bemühen die so lebenskräftige Oper.

Die Probleme, die sich daraus für den Interpreten und erst recht für den Regisseur ergeben, sind keineswegs neu. Wiederaufführungen waren schon in der Antike diffizile Unternehmungen. Im Laufe der annähernd ein Jahrtausend währenden Theatergeschichte des Altertums hatten architektonische Veränderungen im Bereich der Bühne stattgefunden, die notwendigerweise starke Eingriffe in die Substanz der alten Stücke nach sich zogen.[4] Auch das heutzutage so geläufige Phänomen einer selbstherrlich verfahrenden Regie findet seine Entsprechungen im Altertum,[5] so daß Wandlungen des Aufführungsstils selbstverständlich vorausgesetzt werden müssen.

[2] Athen. 1, 21 e.

[3] Plut. Nic. 29, 3 ff.; vgl. K. Reinhardt, Die Sinneskrise bei Euripides (1957), in: Tradition und Geist, Göttingen 1960, S. 240 ff. — Über angeblich vulgäre Elemente in der Musik des Euripides Ar. Ran. 1301; Schmid-Stählin, GGL I, 3 (München 1940), S. 816, 4.

[4] S. u. S. 51 f.

[5] Wiederaufführungen „klassischer" Stücke wurden meist von Protagonisten besorgt, denen oft mehr an der Einzelrolle als an der Gesamtkonzeption des Stückes lag. Einen vom Wortlaut des Textes abweichenden Regieeinfall überliefert ein Scholion (v. 57) zum vielgespielten ›Orestes‹ des Euripides. — Über den Ausstattungsluxus bei der Wiederaufführung alter Tragödien anläßlich der Einweihung des von Pompejus in Rom erbauten Theaters s. u. S. 122, Anm. 61.

Wenn heute die Beschäftigung mit dem antiken Drama sich auf das Gedankliche und seinen sprachlichen Ausdruck konzentriert, so hat das seinen Ursprung schon bei Aristoteles. Dieser hat die im engeren Sinne theatralischen Elemente des Optischen und Akustischen — d. h. die szenische Darbietung und die schauspielerische Leistung — im Hinblick auf die Gesamtwirkung eines Dramas niedrig eingeschätzt, da sie der Dichtung selbst am fernsten ständen. Die Wirkung einer Tragödie zeige sich auch ohne Aufführung und Schauspieler.[6] Trotzdem darf das nicht als ein Plädoyer für ein Lesedrama mißverstanden werden, denn ungeachtet dessen urteilt Aristoteles eindeutig aufgrund von praktischen Erfahrungen und steht damit im Gegensatz zu späteren Kritikern, die mehr und mehr Buchweisheit weiterreichen. Mag also Aristoteles die mehr zeit- und konventionsbedingten Aspekte dramatischer Aufführungen geringer veranschlagt haben, so verdanken wir gleichwohl den größten Teil unseres theoretischen Wissens auf dem Gebiet des Theaterwesens seinen systematischen Forschungen und den Dokumentationen seiner Nachfolger in der peripatetischen Schule.

Ihre fortdauernde Wirkungskraft bis in unsere Zeit hebt die antiken Dramen in den Rang klassischer Werke.[7] „Halte das für gut und wahrhaft groß, was jederzeit einem jeden gefällt" — so hatte der anonyme Autor der Schrift ›Über das Erhabene‹ den problematischen Begriff des Klassischen zu bestimmen versucht.[8] Die attischen Tragiker, Aristophanes, Plautus und Terenz haben diese Probe der Zeit jedenfalls bestanden. Die geistige Auseinandersetzung mit paradigmatischen menschlichen Verhaltens- und Denkmustern, wie ihre Stücke sie zeigen, bedarf keiner ausdrücklichen Rechtfertigung, und die Lektüre und Interpretation dieser Texte wird immer einen Schwerpunkt im Studium der Altertumswissenschaften bilden. Bei einer solchen Interpretation behilflich zu sein ist das Anliegen dieser Darstellung.

---

[6] S. u. S. 75 m. Anm. 226.

[7] Die drei großen attischen Tragiker wurden schon zu Lebzeiten als überragende, maßstabsetzende Erscheinungen gewertet; nach ihrem Tode — dies ist der Tenor von Aristophanes' ›Fröschen‹ — kann nichts Ebenbürtiges mehr erscheinen. In der ›Poetik‹ des Aristoteles stehen sie eindeutig im Mittelpunkt. Ihre Sonderstellung wurde gleichsam sanktioniert, als ca. 330 v. Chr. Lykurg ein Staatsexemplar ihrer Werke anfertigen ließ (Plut. vit. X orat. 841 f), das den Text vor willkürlichen Eingriffen seitens der Schauspieler schützen sollte: K. Ziegler, RE VI A 2 (1937), Sp. 2068 f., s. v. Tragoedia; D. L. Page, Actors' Interpolations, Oxford 1934.

[8] Ps. Longin, De subl. 7, 4.

II. QUELLEN

Das Material, mit dessen Hilfe wir uns ein Bild vom antiken Theater zu machen suchen, ist reichhaltig, aber von höchst unterschiedlichem Wert. Vieles, was aus hellenistischer, römischer oder gar byzantinischer Zeit stammt, kann zur Erhellung der Gegebenheiten im Athen des 5. Jh.s nur mit größter Vorsicht herangezogen werden.

Am willkommensten sind uns alle Hinweise, die wir dem Text der Dramen selbst entnehmen können. Alle Stücke waren allein im Hinblick auf eine Aufführung geschrieben, und da die Dichter immer zugleich auch Männer der Theaterpraxis waren, indem sie selbst inszenierten und ursprünglich sogar die Hauptrolle übernahmen, verfügten sie über die besten Kenntnisse der bühnentechnischen Bedingungen.[1] So kommt den wenigen konkreten Hinweisen in den Texten absolute Authentizität zu. Aristophanes ist für uns in dieser Hinsicht der ertragreichste Autor, nicht nur, weil er um der komischen Wirkung willen gern die dramatische Illusion durchbricht und von den phantastischen Schauplätzen seiner Komödien in die nüchterne Theaterwirklichkeit zurücklenkt,[2] sondern auch, weil er Szenen und Situationen aus berühmten Tragödien persifliert und Dinge des Theaters direkt zum Thema erhebt.[3]

Nächst den überlieferten Dramentexten und -fragmenten verdanken wir unser Wissen über die Entwicklung der antiken Aufführungspraxis den reichen archäologischen Funden[4] sowie mannigfaltigen literarischen Zeugnissen. Eine Polemik, wie sie einst um die Priorität entweder der Texte oder der Monumente geführt wurde,[5] darf heute als über-

---

[1] K. Reinhardt, Aischylos als Regisseur und Theologe, Bern 1949.

[2] Ar. Pax 174 ff., Av. 296 u. ö.; K. J. Dover, Aristophanic Comedy, London 1972, S. 55—59.

[3] So in den ›Acharnern‹, ›Frauen am Thesmophorienfest‹, ›Fröschen‹; P. Rau, Paratragodia, Zetemata 45, München 1967.

[4] Übersicht bei T. B. L. Webster, Griechische Bühnenaltertümer, Göttingen 1963, bes. S. 11—18.

[5] A. v. Gerkan, Das Theater von Priene als Einzelanlage und in seiner Bedeutung für das hellenistische Bühnenwesen, München 1921, S. 114 ff. gegen E. Bethe, Prolegomena zur Geschichte des Theaters im Altertum, Leipzig 1896, S. 10 ff. u. ö.

wunden gelten. Bei der Auswertung des Quellenmaterials stützen und ergänzen sich Philologie und Archäologie gegenseitig; einerseits helfen die Monumente und das anschaulichere Bildmaterial in vielen Fällen, die summarischen Beschreibungen oder dürren Notizen von Grammatikern oder Kommentatoren (Scholiasten) zu verstehen, andererseits bildet die Kenntnis der Dramentexte und des zeitgeschichtlichen Hintergrundes die Grundlage für eine sichere Einordnung und Interpretation archäologischer Funde.

Das Quellenmaterial zum antiken Theaterwesen setzt sich demnach wie folgt zusammen:

I. Die Dramentexte
II. Das archäologische Material
   1. Denkmäler: zumal die Ruinen antiker Theaterbauten
   2. Bildmaterial: Vasenmalerei, Mosaiken, Reliefs, Fresken
   3. Fundstücke: Terrakottastatuetten und -masken, „Theaterbilletts" aus Ton oder Blei u. ä.
III. Literarische Zeugnisse
   1. Systematische Darstellungen von Themen, die das Theater betreffen: zumal die Poetiken des Aristoteles und des Horaz, daneben die fachmännische Beschreibung griechischer und römischer Theaterbauten durch Vitruv (›De architectura‹ V) und die das Theaterwesen betreffenden Abschnitte des Pollux-Lexikons (›Onomastikon‹ IV).
   2. Einschlägige Kapitel oder Notizen bei Historikern, Rednern oder Philosophen, z. B. die Meidias-Rede des Demosthenes (or. 21), Livius über die Ursprünge der *ludi scaenici* in Rom oder Anekdotisches bei Gellius.
   3. Inschriften: Amtliche Aufzeichnungen über dramatische Agone zumal in Athen, Weihinschriften siegreicher Choregen oder Schauspieler.

Auf allen Gebieten ist unser Wissen lückenhaft und nur vom Zufall abhängig. Was die Dramentexte betrifft, so besitzen wir von den drei Tragikern insgesamt 33 Stücke: je 7 von Aischylos und Sophokles sowie 19 von Euripides.[6] Die Überlieferung wurde von den Bedürfnissen

---

[6] Eines davon, der ›Rhesos‹, ist wohl erst im 4. Jh. entstanden; Lit. bei A. Lesky, Die tragische Dichtung der Hellenen, 3. Aufl. Göttingen 1972, S. 527.

des Schulbetriebs geprägt; die Siebenzahl deutet auf eine Auswahl herausragender Dramen, die auch kommentiert wurden. Ein glücklicher Zufall hat uns für Euripides darüber hinaus einen Teil einer alphabetisch geordneten Gesamtausgabe geschenkt. Von den 11 erhaltenen Komödien des Aristophanes gehören ebenfalls 7 einer kommentierten antiken Schulausgabe an.[7] Bei allen genannten Autoren haben dann die Byzantiner im 9. Jh. noch einmal eine engere Auswahl von nur 3 Stükken getroffen, doch das hatte glücklicherweise keinen Einfluß mehr auf die Gesamtüberlieferung.

Mag die Menge der erhaltenen Texte notfalls hinreichen, um einen Eindruck von der spezifischen Eigenart eines jeden Dichters zu vermitteln,[8] so ergibt sich gleich ein anderes Bild, wenn wir das Erhaltene in Relation zum Gesamtœuvre setzen. Die dramatische Produktion im Athen des 5. Jh.s war für moderne Begriffe ungewöhnlich reich; das lag nicht zuletzt am aktuellen Bedarf des Theaterbetriebs. Alljährlich zweimal fanden dramatische Wettkämpfe statt: an den Städtischen Dionysien und an den Lenäen. An den wichtigeren Dionysien führte an drei aufeinanderfolgenden Tagen je ein Dichter eine tragische Tetralogie (drei Tragödien und ein Satyrspiel) auf, an einem weiteren Tag folgten fünf Komödiendichter mit jeweils einem Stück. Demgegenüber begnügte man sich an den Lenäen in der Regel mit zweimal zwei Tragödien und ebenfalls fünf Komödien. Die Gesamtzahl der alljährlich in Athen neu aufgeführten Stücke belief sich nach dieser Rechnung auf 26, doch die tatsächliche Produktion muß höher gewesen sein, sonst hätte sich ein Auswahlmodus[9] erübrigt.

Wer den Gesamtumfang der dramatischen Produktion im 5. Jh. ermitteln will, stößt auf zwei Unsicherheitsfaktoren: zum einen sind wir über die Verhältnisse während der ersten beiden Jahrzehnte nur mangelhaft unterrichtet und zögern darum, aus der uns bekannten Zeit Rückschlüsse zu ziehen,[10] zum anderen scheinen die dramatischen Agone während des Peloponnesischen Krieges gewisse Einschränkungen er-

---

[7] Darin nicht enthalten sind die ›Acharner‹ und die drei sog. Weiberkomödien.

[8] Auf dem Gebiet der Komödie fehlen uns Vergleichsmöglichkeiten zwischen Stücken verschiedener Autoren: Wo liegt bei Aristophanes die Grenze zwischen Gattungsspezifischem und individueller Leistung?

[9] S. u. S. 30 f.

[10] Vielleicht basiert die Angabe des Suda-Lexikons (s. v. Πρατίνας), es habe in den Jahren 500—497 schon einen voll ausgebildeten Wettbewerb gegeben, auch nur auf einem solchen Rückschluß.

fahren zu haben.[11] Daß trotzdem die Summe der aufgeführten Stücke die Grenze der Tausend weit überschritt, kann nicht bezweifelt werden.

Wenn wir die Zahl der erhaltenen Dramen in Beziehung setzen zu dem, was jeder einzelne Dichter geschrieben hat, erkennen wir, wie schmal die Basis unseres Wissens ist. Den 7 erhaltenen Tragödien des Aischylos stehen mehr als 80 verlorene gegenüber, und die Produktion des Sophokles belief sich sogar auf annähernd 120 Stücke. Etwas günstiger sieht das Verhältnis bei Euripides aus: Von ihm besitzen wir ein Fünftel des Gesamtwerks von 88 Stücken. Von der bereits zu Lebzeiten einsetzenden Kanonisierung der drei „großen" Tragiker war bereits kurz die Rede;[12] ob der Verlust aller übrigen, die sich im Lauf des 5. Jh.s an den dramatischen Agonen beteiligten, wirklich ihre Zweitrangigkeit beweist, ist für uns nicht nachprüfbar. B. Snell nennt für diesen Zeitraum die Namen von 46 Dichtern, und die Summe der bekannten Dramentitel übersteigt die Zahl 600.[13]

Noch schlechter ist es um unsere Kenntnis der Komödie bestellt. Den Typus der politischen Komödie des 5. Jh.s repräsentiert für uns allein Aristophanes, von dessen 44 Stücken gerade ein Viertel erhalten blieb. Zwei von diesen, die ›Weibervolksversammlung‹ und der ›Plutos‹, stammen aus der letzten Schaffensperiode des Dichters und tragen bereits deutliche Merkmale eines Übergangsstils; sie werden daher schon der sog. Mittleren Komödie zugeschrieben.[14] Mit diesem etwas vagen Terminus bezeichnet man die Stücke aus der Zeit zwischen 400 und 320, als die Komödie sich allmählich zum bürgerlichen Lustspiel wandelte. Aristophanes ist unser einziger Zeuge auch dieser Gattung.

Werfen wir auch diesmal einen Blick auf den Gesamtumfang der dramatischen Produktion. Für die Alte Komödie hat E. Mensching einen ursprünglichen Bestand von mindestens 530 Stücken errechnet,[15] und die Zahl der Dichter belief sich auf mehr als fünfzig, wobei die zeitlichen Grenzen fließend sind.[16] Wie viele Stücke den Tag ihrer Aufführung nicht überlebten, ersieht man daraus, daß selbst der Sammel-

[11] S. u. S. 23 f.

[12] S. o. S. 3 Anm. 7.

[13] TrGF I, Göttingen 1971.

[14] Sie ist zeitlich und nach ihrem Gehalt ein Mittelding (μεμιγμένη, Tract. Coisl. 10, S. 53 Kaibel); nicht zufällig stand einer Einteilung der Komödie in drei Epochen eine solche in nur zwei gegenüber (A. Rostagni, SIFC 2, 1922, S. 137).

[15] E. Mensching, MH 21 (1964), S. 15—49, bes. S. 44 f.

[16] C. Austin, Catalogus Comicorum Graecorum, ZPE 14 (1974), S. 201 bis 225.

fleiß der alexandrinischen Gelehrten nur mehr 365 Komödien zusammenbrachte.[17] Die Periode der Mittleren Komödie war noch weit fruchtbarer: hier zählen wir annähernd 1000 Stücke, von denen die Hälfte allein auf das Konto der beiden Vielschreiber Antiphanes und Alexis zu buchen ist. Die dramatische Kunst griff damals über Athen hinaus; eine solche Riesenzahl von Komödien überstieg die Kapazität der athenischen Dionysosfeste bei weitem, und viele Dramen müssen darum für andere Theater produziert worden sein.

Mit dem Auftreten des Menander (ca. 342—290) auf der komischen Bühne setzt die Periode der Neuen Komödie ein, deren späte Vertreter bereits Zeitgenossen des Plautus waren, so daß hier die Kontinuität des dichterischen Schaffens in Griechenland und in Rom sichtbar wird. Das Werk des Menander ist uns in jüngster Zeit durch eine Reihe spektakulärer Papyrusfunde wieder bekanntgeworden. In der Antike genoß der Dichter große Popularität, doch weil er den rigorosen Anforderungen an ein lupenreines Attisch nicht genügte, verlor er seine Stellung als Schulautor und wurde nicht mehr tradiert. Von seinen mehr als 100 Komödien sind heute immerhin eine Handvoll so weit kenntlich, daß man sie — mit einigen Ergänzungen versehen — sogar spielen könnte; vollständig erhalten ist nur der ›Dyskolos‹. Von den zahlreichen Konkurrenten und Nachfolgern Menanders besitzen wir keine zusammenhängenden Textpartien.

In Fragen der Chronologie sowie bei der Berechnung der Werkkapazitäten einzelner Dichter wird uns wertvolle Hilfe seitens der Inschriften zuteil.[18] Daß man überhaupt Dinge, die mit den Theateraufführungen zusammenhängen, der Tradierung für würdig erachtete, verdient Hervorhebung; es zeigt, welch hohes Ansehen die im Kult verankerten dramatischen Agone genossen. Vermutlich seitdem der Staat für die entstehenden Kosten aufkam, sorgte der Archon Eponymos dafür, daß die Namen aller Beteiligten festgehalten wurden.

Die antike Forschung über diesen Gegenstand beginnt mit Aristoteles. Parallel zu seinen philosophischen und naturwissenschaftlichen Studien

---

[17] Anon. de com. 3 (S. 7 Kaibel).

[18] Das relevante Material wurde von A. Wilhelm, Urkunden dramatischer Aufführungen in Athen (Wien 1906) mustergültig ediert. Die Fragmente der großen Inschriften bearbeitete J. Kirchner, IG II² (Berlin 1931), Nr. 2318 bis 2325, vgl. A. Körte, Gnomon 8 (1932), S. 301 ff. — Dasselbe bequem zugänglich bei Pickard-Cambridge, Festivals S. 101 ff. und P. Ghiron-Bistagne, Recherches sur les acteurs S. 7 ff.; neu bearbeitet und ergänzt von H. J. Mette, Urkunden dramatischer Aufführungen in Griechenland, Berlin 1977.

laufen die Bemühungen, auch kulturgeschichtlich bedeutsame Fakten systematisch zu erfassen. So sammelte er als erster das weithin verstreute Material und fertigte chronologisch geordnete Listen an. Er nahm die literarische Vergangenheit ernst, vielleicht aus der Überzeugung heraus, daß eine große schöpferische Epoche vergangen war und es nunmehr an der Zeit sei, das vom Vergessen Bedrohte zu sammeln und zu sichten.

Unter den Titeln der Aristotelischen Werke finden sich zwei, die für unseren Zusammenhang von Interesse sind: ›Didaskaliai‹ und ›Nikai‹. Diese beiden (heute verlorenen) Bücher bilden die Grundlage für alle weiteren Bemühungen auf diesem Gebiet, ja auf ihnen basieren die großen, öffentlich aufgestellten Steininschriften. Auch die Leistungen der alexandrinischen Gelehrten Kallimachos,[19] Eratosthenes und Aristophanes von Byzanz wären ohne diese Vorarbeiten nicht denkbar. Aristophanes schickte seinen kritischen Textausgaben kurze Einleitungen, sog. Hypotheseis, voraus, die neben einer Inhaltsangabe des jeweiligen Stücks auch einige Stichworte zu technischen und personellen Details der Aufführung enthalten. Ein Teil unserer Handschriften hat solche Hypotheseis (z. T. zweifelhafter Authentizität) bewahrt; auf diesem Wege konnten geringe Reste der Aristotelischen ›Didaskaliai‹ sich hinüberretten.

Der griechische Terminus Didaskalia weist eine interessante Vielfalt von Bedeutungen auf:

(a) Unterweisung, speziell die eines Chores;

(b) Aufführung eines einstudierten Chorwerks;

(c) allgemeiner (da der Unterweisende meist mit dem Dichter identisch ist): das aufgeführte Dichtwerk selbst, auch die an einem Fest aufgeführte tragische Trilogie insgesamt;

(d) chronologische Aufzeichnungen über solche (chorischen) Aufführungen.

Letzteres war der Gegenstand der Aristotelischen Schrift. Stichwortartige Aufzeichnungen über die dramatischen Agone wurden vermutlich auf Veranlassung des Archonten alljährlich angefertigt und in den Staatsarchiven hinterlegt. Aristoteles hat das Material zusammengestellt und erstmals publiziert.

Einige zufällig überlieferte Zitate beweisen, daß er alle musischen Wettbewerbe, also Dithyrambos, Tragödie und Komödie behandelt hat. Vor allem aber vermitteln uns die Bruchstücke einer großen In-

---

[19] Frg. 454—6 Pfeiffer, vgl. Schol. Ar. Nub. 552 zur Überarbeitung des Stücks.

schrift des 3. Jh.s (IG II² 2319 ff.) eine Vorstellung davon, wie das einmal ausgesehen haben mag.[20] Den Dithyrambos läßt diese Inschrift zwar außer acht, doch zum Drama hat sie das entscheidende Gerüst von Daten und Namen aus Aristoteles übernommen. Dieser hatte darüber hinaus auch Einzelheiten von besonderem Interesse vermerkt, die ihm anderweitig zugänglich waren.[21]

Die genannte Inschrift reicht bis in die Zeit der Perserkriege hinauf und enthält in getrennten Verzeichnissen (a) die Tragödien an den Dionysien, (b) die Komödien an den Dionysien, (c) die Komödien an den Lenäen, (d) die Tragödien an den Lenäen. Auf den Namen des Beamten, der für die Ausrichtung des Festes verantwortlich war, folgen die Dichter in der Reihenfolge der errungenen Preise jeweils mit den Titeln der aufgeführten Dramen und den Protagonisten. Am Schluß steht noch gesondert der im Schauspieler-Agon siegreiche Protagonist. Wichtig für chronologische Berechnungen ist der Umstand, daß in späteren Zeiten ausdrücklich verzeichnet wird, wenn einmal in einem Jahr keine Aufführungen stattfanden.

Von der zweiten oben erwähnten Schrift des Aristoteles, die den dramatischen Siegen gewidmet war (›Nikai Dionysiakai kai Lenaïkai‹), ist hingegen kein wörtliches Fragment überliefert, lediglich der Titel wird zweimal zitiert. So können wir uns vom Inhalt kein Bild machen, und es muß hypothetisch bleiben, ob die Fragmente einer anderen großen Inschrift, der sog. ›Fasti‹ (IG II² 2318), hiermit etwas zu tun haben.

Diese ›Fasti‹ scheinen i. J. 346 abgefaßt zu sein, zu einer Zeit, da Aristoteles aller Wahrscheinlichkeit nach nicht in Athen war, was gegen seine direkte Autorschaft spricht.[22] Auch diese Inschrift basiert auf administrativen Aufzeichnungen aus Staatsarchiven, doch werden hier nur die Sieger aufgeführt, d. h. diejenigen, die in den einzelnen

---

[20] Die Inschrift wurde am Südhang der Akropolis in der Nähe des Dionysostheaters gefunden, wo sie etwa ein halbes Jahrhundert nach Aristoteles aufgestellt wurde. „Nach Reischs überzeugenden Ausführungen (zuletzt Verh. 55. Philologenversammlung Erlangen 1925, S. 26 f.) ... von dem Agonothetes des Jahres 278 in einem tempelartigen choregischen Monument angebracht", A. Körte, Gnomon 8 (1932), S. 303; vgl. B. Snell, NGG 1966, S. 27. Für die Komödie wurden die Eintragungen noch weit über die Erbauungszeit des Denkmals hinaus bis etwa zum Jahre 142 fortgesetzt.

[21] H. Oellacher, WS 38 (1916), S. 81 ff.; Pickard-Cambridge, Festivals S. 71.

[22] Pickard-Cambridge, Festivals S. 103 f.

Wettkämpfen den ersten Preis errangen. Die chorischen Darbietungen des Dithyrambos werden ebenso genannt wie die beiden dramatischen Sparten; alle Daten beziehen sich allein auf die Dionysien. Man verspürt ein gewisses lokalpatriotisches Element, wenn man zwar den Namen der siegreichen Phyle verzeichnet findet sowie den Choregen, der für die Finanzierung der Aufführungen aufkam,[23] aber weder den des Dithyrambendichters, obwohl dieser meistens auch den Chor einstudierte, noch den des Komödiendichters, sofern dieser nicht persönlich Regie führte.[24] Ebensowenig werden die Titel der am Agon beteiligten Stücke angeführt. Im einzelnen werden nacheinander genannt:

die mit einem Knabenchor siegreiche Phyle und ihr Chorege,
die mit einem Männerchor siegreiche Phyle und ihr Chorege,
Chorege und Didaskalos der siegreichen Komödie,
Chorege und Didaskalos der siegreichen Tragödie,
(seit 447?) der Name des siegreichen tragischen Protagonisten im Schauspieler-Wettstreit.

Mit welchem Jahr die Inschrift einsetzte, ist nicht mehr feststellbar. Das erste erhaltene Datum ist 472, in diesem Jahr war der junge Perikles Chorege und Aischylos siegte mit den ›Persern‹. Dem waren auf der Inschrift zwei oder drei Kolumnen vorausgegangen, so daß diese jedenfalls über das Datum des ersten staatlichen Komödienagons hinaufreichte — vielleicht sogar bis zu Thespis (zw. 536 und 532), sonst bis 508/7, als man zum ersten Mal einen Preis für einen Dithyrambos verlieh, oder bis 502/1, als anläßlich einer Neuorganisation des Festes das Choregensystem eingeführt wurde.[25] Nach Aufstellung der Inschrift wurden die Eintragungen nur noch wenige Jahre fortgesetzt.

In einer Inschrift, welche die Phylen und Choregen ehrenvoll hervorhebt, über die Dichtungen selbst aber nichts verlauten läßt, tritt das politische Interesse gegenüber dem literarhistorischen stark in den Vordergrund. Es ist wohl kein Zufall, daß diese Listen schon im 4. Jh. in Athen öffentlich aufgestellt wurden,[26] während die primär theaterorientierten ›Didaskaliai‹ erst im 3. Jh. in Stein gehauen wurden.

[23] S. u. S. 31 ff.
[24] Zum Verhältnis von Dichter und Regisseur (Didaskalos) s. u. S. 37 f.
[25] Zum Dithyrambos vgl. S. 22, Anm. 26. Für das Jahr 533 (Thespis) plädiert H. J. Mette, Urkunden S. 2, für 502/1 A. Wilhelm, Urkunden S. 240 ff. (nach E. Capps); Schmid-Stählin, GGL I, 2 (München 1934), S. 52 Anm.
[26] Die Inschrift war in der Nähe der Agora, nicht im Dionysostheater aufgestellt, vgl. Pickard-Cambridge, Festivals S. 104.

Zum Schluß noch einige Bemerkungen zum Quellenwert der Vasenbilder. Das vorzüglich aufgearbeitete und bequem zugängliche Material[27] konfrontiert den Betrachter mit einer Reihe von Problemen, die,
obgleich seit langem erkannt und präzis formuliert,[28] trotzdem wiederholt zu falschen Folgerungen verleitet haben. Zunächst darf man nicht
jede Szene mythologischen Inhalts unbesehen für die Illustration eines
Bühnenvorgangs nehmen. Zwar liegt es nahe, so zu verfahren, denn
auf Vasenbildern fehlt gewöhnlich die Andeutung eines Bühnenhinter-
grundes, weil die Maler sich für den dramatischen Inhalt mehr interessierten als für seine szenische Einrichtung. Trotzdem ist in jedem
Einzelfall zu prüfen, ob eine Theaterszene bzw. eine vom Theater
inspirierte Darstellung vorliegt, oder ob es sich um ein mythologisches
Sujet allgemeinen Charakters handelt.[29] Die Grenzen sind fließend,
und in der Tat dürfte der Einfluß des Dramas hoch zu veranschlagen sein.

Weitere Schwierigkeiten ergeben sich beim Versuch, eine bildliche
Darstellung einem bestimmten Drama zuzuordnen. Gerade weil die
Maler die dokumentarische Wiedergabe eines Dramenstoffes nicht als
ihre Aufgabe betrachteten, brauchten sie sich nicht den ihnen wesens-
fremden Beschränkungen der Bühnentechnik zu unterwerfen. So konnten sie beliebig viele Personen zu gleicher Zeit handelnd vorführen,
auch die zeitliche Abfolge der Ereignisse aufheben und alle wichtigen

---

[27] L. Séchan, Études sur la tragédie grecque dans ses rapports avec la
céramique, Paris 1926 (Repr. 1967); A. D. Trendall, T. B. L. Webster, Illustrations of Greek Drama, London 1971; wichtig auch H. Bulle, Von griechischen Schauspielern und Vasenmalern, Festschrift J. Loeb, München 1930,
S. 5—43.

[28] A. v. Gerkan, Das Theater von Priene, München 1921, S. 108;
A. Rumpf, BPhW 52 (1932), S. 208; W. Beare, The Roman Stage, S. 5 ff.

[29] Der Unterschied zwischen Mythenrealität und Bühnendarstellung läßt
sich am besten an Satyrbildern nachweisen. Ein beliebtes, auf mehreren
Vasenbildern wiederkehrendes Thema des Satyrspiels ist die Rückführung
des Hephaist in den Olymp (E. Buschor, Satyrtänze und frühes Drama,
Sitzungsber. Bayer. Akad. Wiss. München 1943/45, S. 97 f.), und so ist auf
einem Wiener Kelchkrater (1. H. 5. Jh.) der an der Handlung beteiligte
Satyr durch sein Fellschurzkostüm eindeutig als Schauspieler gekennzeichnet
(F. Brommer, Satyrspiele, 2. Aufl. Berlin 1959, Abb. 20). Anders eine Münch-
ner Pelike des Kleophonmalers (um 430), wo der Satyr als mythologische
Figur erscheint (Arias-Hirmer-Shefton, A History of Greek Vase Painting,
Abb. 196—199; E. Buschor, Griechische Vasen, 2. Aufl. München 1969,
Abb. 229).

Personen nach den spezifischen Gesetzen der Malerei nebeneinander an-
ordnen; vor allem aber konnten sie die dramatischen Höhepunkte des
Geschehens zum Thema wählen, all jene drastischen Vorgänge, welche   T VII, 2
der Tragiker meist in den hinterszenischen Bereich verlegte und nur
mittels eines Botenberichts auf die Bühne brachte.[30]

---

[30] Vgl. S. 67 f.

III. DAS GRIECHISCHE THEATER

1. Die Feste

Dionysos

Griechische Theateraufführungen waren kein beliebig wiederholbares Alltagserlebnis: sie fanden stets im Rahmen von Festspielen statt. Diese trugen, sehr im Unterschied zu denen unserer Tage, einen religiösen Charakter. Die Aufführungen waren ein direkter, ja wesentlicher Bestandteil der Kulthandlungen.

Der Gott, dem dieser Kultus galt, war Dionysos.[1] Er zählte nicht zu den altehrwürdigen Zwölfgöttern des Olymps. Bei Homer wird er nur selten erwähnt, offenbar weil er der aristokratischen Gesellschaft fernstand. Mit einiger Überraschung registrierte man darum, daß sein Name auf mykenischen Tontäfelchen in Pylos auftauchte,[2] woraus unabweisbar hervorgeht, daß er bereits vor der dorischen Wanderung in Griechenland heimisch war. Als Herkunftsland des Dionysos wird bald Thrakien, bald Phrygien angegeben. Immer wieder springen die unhellenischen, „barbarischen" Züge dieses Gottes in die Augen, und tatsächlich handelt es sich um die widersprüchlichste, die am schwersten rational zu ergründende Figur der griechischen Götterwelt.

Dionysos bemächtigte sich der Gemüter mit einer sonst ungekannten Vehemenz. Er verlieh den Menschen das Gefühl schrankenloser Freiheit, verhieß ihnen Erlösung von den geltenden Zwängen, und wer sich die gesellschaftlichen Bedingungen in einer griechischen Polis vergegenwärtigt, dem wird es wohl einleuchten, daß besonders die vom politisch-gesellschaftlichen Leben ausgeschlossenen Frauen sich von dieser Religion angesprochen fühlten. Der orgiastische Kult des stets von

---

[1] M. P. Nilsson, Geschichte der griechischen Religion, 2. Aufl. München 1955; L. Deubner, Attische Feste, Berlin 1932 (Repr. 1962); W. K. C. Guthrie, The Greeks and their Gods, London 1959, S. 145—182; E. R. Dodds, Euripides Bacchae, 2. Aufl. Oxford 1960, Einleitung; ders., Die Griechen und das Irrationale (dt. Ausg. Darmstadt 1970), S. 48—54; W. Fauth, in: Der Kleine Pauly II (1967), Sp. 77—85 (Lit.).

[2] M. Ventris, J. Chadwick, Documents in Mycenaean Greek, 2. Aufl. Cambridge 1973, S. 127 u. 411.

einem Schwarm rasender Begleiterinnen, den Mänaden, umgebenen Dionysos riß sie unwiderstehlich aus der abgeschlossenen Umgebung ihres häuslichen Alltags hinaus in die Wildnis. Sein Wahnsinn versetzte die Menschen in Ekstase, ließ sie ganz von der Gottheit erfüllt sein. Eine Reihe von Mythenerzählungen zeigt die vergeblichen Versuche der Herrschenden, die Schrankenlosigkeit und den Irrationalismus dieses Kultes zu unterdrücken und die Aufnahme des Gottes zu verhindern,[3] doch der Siegeszug der neuen Religion ließ sich nicht aufhalten. Bevor sich allerdings der Kult des Dionysos im 6. Jh. einen festen Platz im staatlichen Festkalender Athens erobern konnte, mußte sein Charakter gezähmt werden. Tatsächlich hatten die feierlichen Opfer, die nunmehr vor versammelter Bürgerschaft am hellichten Tage dem Dionysos dargebracht wurden, kaum noch etwas gemein mit den nächtlichen Orgien voll Rausch und Gewalttat, die sich einst draußen in der freien Natur abgespielt hatten.

An Popularität übertraf Dionysos alsbald die meisten anderen Götter. In Athen wurden ihm zu Ehren insgesamt vier Feste gefeiert, und zwar alle während der Winter- und Frühlingsmonate. Es sind dies die Ländlichen Dionysien (Dez./Jan.), die Lenäen (Jan./Febr.), die Anthesterien (Febr./März) und die Städtischen Dionysien (März/April). Zwei dieser Feste, die Ländlichen Dionysien und die Anthesterien, haben keine unmittelbare Bindung an das Drama: Hier manifestiert sich Dionysos als Vegetationsgott, der die Fruchtbarkeit garantiert und den Menschen die Gabe des Weins spendet.[4]

Diese Aspekte des Gottes scheinen dem geistigen Anspruch, den die dramatischen Wettkämpfe in ihrer ausgeprägten Form erheben, in auffälliger Weise fernzustehen. Um so lebhafter bedauern wir den Verlust

---

[3] Die bekanntesten dieser Mythen handeln vom Thrakerkönig Lykurg (Aischylos ›Lykurgie‹, verloren) und von Pentheus in Theben (Euripides ›Bakchen‹).

[4] Der Charakter der beiden Feste wird uns aus den ›Acharnern‹ des Aristophanes kenntlich. Am Anfang der Komödie (237 ff.) begeht der Held zusammen mit seiner Familie die Ländlichen Dionysien, dazu trägt er in feierlicher Prozession einen Phallos als Fruchtbarkeitssymbol um sein Gehöft herum und stimmt einen Gesang auf Phales an, d. i. die personifizierte Zeugungskraft in der Natur; am Ende (1000 ff.) feiert er höchst ausgelassen das Kannenfest — so hieß der zweite Tag der Anthesterien, an welchem nach dem Öffnen der Fässer mit dem neuen Wein ein großes Wetttrinken zu Ehren des berauschenden Gottes veranstaltet wurde. — Der Phalloskult ging erst allmählich auf Dionysos über. Bezeichnenderweise wird der Gott selbst nie ithyphallisch dargestellt, ganz im Gegensatz zu seinem Gefolge.

aller Vorstufen und Frühformen des Dramas, an denen man die dionysischen Ursprünge zweifellos besser hätte ablesen können als an den uns kenntlichen Zeugnissen. Das phallische Element spielt in den Entstehungstheorien der Komödie eine Rolle; kein Geringerer als Aristoteles hat die problematische Notiz überliefert, daß „die Vorsänger der Phalloslieder" den kultischen Anknüpfungspunkt für die Komödie abgegeben hätten.[5] Nun weisen einige Stellen in den Komödien des Aristophanes darauf hin, daß ein umgebundener Lederphallos von beträchtlichem Ausmaß zum Kostüm der Alten Komödie gehörte.[6] Wie sich allerdings aus den völlig undramatischen Phallosliedern irgendwann einmal die Komödie als Ganzes entwickelt haben soll, ist schwer vorstellbar. Hier bestehe keine rechte Grundlage für literarische Konstruktionen, hat L. Radermacher zutreffend bemerkt.[7] Eines steht fest: Als sich im Umkreis des Dionysos Tragödie und Komödie entwickelten, war das Erscheinungsbild des Gottes seiner ursprünglichen Wildheit schon weitgehend beraubt.

Thematisch ging das Drama bald eigene Wege, so daß die Feststellung, die Tragödie habe nichts mit Dionysos zu tun, geradezu Sprichwortcharakter annehmen konnte.[8] Zwar blieb die Bindung an den Kult bestehen, doch tritt im agonalen Prinzip auch eine weltliche Komponente des Theaters zutage. Die Freude der Griechen am Wettkampf, welche die Beteiligten zu höchster Leistung anspornte und dem Publikum den Reiz der Spannung vermittelte, scheint landläufigen Vorstellungen von einem kultischen Drama zu widersprechen. Solange nur die Dichter um den Preis stritten, mochte es noch hingehen: Da galt es zu entscheiden, wer die Macht und das Wirken der Götter am eindrucksvollsten gestaltete; als ihnen aber die Schauspieler folgten und sich mit der Rolle eines Sprachrohrs dichterischer Intentionen nicht mehr begnügten, erfuhr der künstlerische Aspekt des Dramas eine eindeutige Aufwertung. Man erkennt, wie die Athener ihr Theater immer auch als Vergnügen auffaßten.

Im folgenden soll nun ausführlicher von den zwei Dionysosfesten die Rede sein, die mit dem Drama von dessen Anfängen an eng ver-

---

[5] Arist. Poet. 4, 1449 a 11.

[6] S. u. S. 100 f.

[7] Aristophanes' ›Frösche‹, Sitzungsber. Öst. Akad. Wiss. 198/4 (2. Aufl. Wien 1954), S. 12.

[8] Corpus Paroemiogr. Graec. I, 137 u. II, 584 f. (Leutsch-Schneidewin); vgl. M. Pohlenz, NGG 1927, S. 299 ff. (= Kl. Schr. II, S. 474 ff.); Schmid-Stählin, GGL I, 2 (München 1934) 50, 5.

knüpft waren, und die für alle erhaltenen Stücke den Hintergrund abgeben: den Städtischen Dionysien und den Lenäen.

Die Städtischen Dionysien

Die Städtischen oder Großen Dionysien – auch schlicht Dionysien genannt – waren das am prächtigsten ausgestattete Fest, allerdings verhältnismäßig jungen Datums. Wann und von wem es gestiftet wurde, wissen wir nicht; seinen Namen erhielt es jedenfalls in Analogie zu den älteren Ländlichen Dionysien, und verantwortlich für die Ausrichtung war nicht der für den Kult zuständige Basileus, sondern der Repräsentant der Stadt in weltlichen Dingen, der Archon Eponymos. Das Fest galt einem Dionysoskult, der von dem kleinen Ort Eleutherai an der attisch-böotischen Grenze in die Stadt gekommen war. Vermutlich war es Peisistratos, der das Fest neu organisierte und durch die Ansiedlung der Dithyrambenchöre und der Tragödie ausschmückte.

So tritt in der 2. Hälfte des 6. Jh.s neben die uralten, zu Ehren der Stadtgöttin gefeierten Panathenäen gleichrangig das große (in klassischer Zeit fünf Tage währende) Fest des neuen „demokratischen" Gottes. Mit dem politischen Aufstieg Athens zu einer Vormacht Griechenlands gewann es schnell an überregionaler Bedeutung, und das nicht zuletzt wegen der dramatischen Aufführungen. Die Städtischen Dionysien fielen auf den Frühjahrsbeginn, wenn die Seefahrt nach den stürmischen Wintermonaten wieder eröffnet wurde. Um diese Zeit sandten die Bündnispartner Athens ihre alljährlich zu entrichtenden Abgaben,[9] und die Stadt nützte die Gelegenheit des Festes geschickt zu nationaler Selbstdarstellung. Die Festversammlung im Theater, die gleichzeitig als Volksversammlung fungierte und in deren Mitte sich gerade jetzt zahlreiche vornehme Fremde befanden, bildete eine eindrucksvolle Kulisse für einige Staatsakte von durchaus weltlichem Charakter. So wurden im Namen des souveränen Volkes verdiente Männer mit einem Kranz ausgezeichnet, und die Söhne gefallener Bürger erhielten, wenn sie das Erwachsenenalter erreichten, eine Waffenrüstung verliehen und wurden bei dieser Gelegenheit dem versammelten Volk vorgestellt.[10] Mehr noch – wir verdanken Isokrates die bemerkenswerte Notiz, daß man die jährlichen Überschüsse aus den

---

[9] Ar. Ach. 502 mit Schol., 643; vgl. Eq. 975.
[10] Lys. Frg. 6, 2 (Gernet-Bizos); Aeschin. 3, 154.

staatlichen Einnahmen, körbeweise aufgeteilt in Talente, in der
Orchestra vorzeigte,[11] was nicht gerade als ein Akt von Finger-
spitzengefühl gegenüber den anwesenden Bundesgenossen gelten
kann. Solches Zurschaustellen von Reichtum und Machtfülle gleichsam unter den Augen der Gottheit trug einen eminent machtpoliti-
schen Charakter.

Die Dionysien waren ein Ereignis, an welchem ein großer Teil der
freien Bürgerschaft aktiv teilnahm; für die meisten dürfte diese Teilnahme den Höhepunkt des ganzen Jahres gebildet haben. Mehr als
150 Choreuten waren an den dramatischen Aufführungen beteiligt,
und diese wurden an Zahl weit übertroffen von den insgesamt 1000
Sängern der Dithyrambenchöre. Die umfangreichen Vorbereitungen erstreckten sich auf einen Zeitraum von mehreren Monaten.[12] Man kann
es sich gut erklären, daß die Athener auf ihr Theater versessen waren:
Zwischen Zuschauenden und Mitwirkenden bestand keine Kluft wie
heutzutage, sondern die Choreuten des einen Jahres saßen das nächste
Mal auf den Rängen und umgekehrt. Viele Zuschauer wußten aus
eigener Erfahrung, was es bedeutet, den Chorpart einer tragischen
Tetralogie zu erarbeiten.

Man geht gewiß nicht fehl in der Annahme, daß der Inhalt der
zur Aufführung anstehenden Dramen Gegenstand lebhafter Spekulationen war und daß angesichts der Vielzahl der Mitwirkenden manches
Detail schon im voraus bekannt wurde. Trotzdem wurden alle am
dramatischen Wettbewerb beteiligten Stücke kurz vor Beginn der
Dionysien auch offiziell vorgestellt, und zwar vermutlich zwei Tage
vorher am Asklepiosfest, d. i. nach attischem Kalender am 8. des
Monats Elaphebolion. Das geschah in einer Zeremonie, die den Namen
Proagon trug.[13] Wie man bei dieser Gelegenheit im einzelnen verfuhr,
entzieht sich leider unserer Kenntnis. Vor allem hätten wir gern ge-
wußt, ob die Dichter ein Resümee ihrer Dramen gaben oder sich damit
begnügten, die Titel der Stücke bekanntzugeben. Jedenfalls traten die
zum Agon zugelassenen Dichter zusammen mit ihren Choreuten und

---

[11] Isoc. 8, 82.

[12] Darüber im Zusammenhang S. 30 ff.

[13] Der antike Terminus ist irreführend. Dies war kein wie immer ge-
arteter „Wettkampf" (Agon), auch keine „Generalprobe" oder etwas dergleichen. Ein Scholion zu Aischines 3, 67 spricht von ἀγὼν καὶ ἐπίδειξις, das
deutet auf ein feierlich zeremonielles Sichvorstellen vor dem eigentlichen
Agon. — E. Rohde, RhM 38 (1883), S. 251—268 (= Kl. Schr. II, S. 381 ff.);
Pickard-Cambridge, Festivals S. 67 f.

Schauspielern sowie den für die Finanzierung der Aufführung verantwortlichen Choregen nacheinander auf einer erhöhten Bühne vor die Öffentlichkeit. Alle Beteiligten waren dabei feierlich bekränzt zum Zeichen dafür, daß dies ein dem Alltag enthobener Anlaß sei,[14] doch trugen sie weder Masken noch Kostüme, so daß ihre Identität — anders als später bei der Aufführung — hier nicht aufgehoben war. Wo fand der Proagon statt? Nachdem Perikles, vermutlich im Jahre 444, das Odeion hatte erbauen lassen, war dies der Ort des Geschehens. Aus älterer Zeit fehlen uns Nachrichten; vielleicht datiert die Einrichtung das Proagon überhaupt erst aus der Mitte des Jahrhunderts, und es sieht so aus, als ob sie auf die Zeit der attischen Demokratie beschränkt blieb. Das innerhalb des heiligen Bezirks gelegene Theater wurde für diesen Zweck nicht verwendet; daraus erhellt, daß man den Proagon nicht als unmittelbaren Bestandteil des Festes ansah.

Bevor das Fest begann, versicherte man sich der Präsenz des Gottes. Zur Erinnerung dessen, daß Dionysos einstmals aus Eleutherai nach Athen gekommen war, wurde er alljährlich von neuem symbolisch eingeholt. Vermutlich am Vortage (dem 9. Elaphebolion) brachte man dazu das Kultbild in einen kleinen Tempel außerhalb der Mauern, unweit des Dipylon im Nordwesten der Stadt, und geleitete es dann nach Einbruch der Dunkelheit mit Fackellicht zu seinem angestammten Heiligtum am Theater zurück.[15] An diesem Akt der Heimholung des Gottes waren die Epheben maßgeblich beteiligt. Der Tag, an dem dies geschah, stand für Sitzungen der Volksversammlung zur freien Verfügung,[16] also kann auch die Heimholung noch kein integrierender Bestandteil der Dionysien gewesen sein. Erst während der folgenden Nacht (so war wohl die Fiktion) verbreitete sich in der Stadt die Kunde, daß der Gott erschienen sei, und damit wurde die Serie von Festtagen eingeleitet.

Der erste Tag begann sogleich mit dem kultischen Höhepunkt, der großen Opferprozession. An ihr nahmen nicht nur sämtliche an den Agonen aktiv Beteiligten teil,[17] dies war auch eine der seltenen Ge-

---

[14] Auf die Nachricht vom Tode des Euripides hin legte Sophokles beim Proagon des Jahres 406 Trauerkleider an und ließ Chor und Schauspieler unbekränzt auftreten (Vita Eur. 2).
[15] Das bezeugt eine Inschrift des Jahres 122 (IG II² 1006), vgl. Pickard-Cambridge, Festivals 60, 1.
[16] W. B. Dinsmoor, Hesperia 23 (1954), S. 306.
[17] M. P. Nilsson, JDAI 31 (1916), S. 336.

legenheiten, daß die Frauen außer Haus gingen.[18] Der athenische Staat nahm den Tag zum Anlaß, durch möglichst große Prachtentfaltung ein Zeichen seiner Vormachtstellung in Griechenland zu setzen. Neben den Schlachttieren wurden vielerlei andere Opfergaben mitgeführt; Jungfrauen aus den vornehmsten Familien trugen sie in goldenen Körben. Ebenso wie bei den Ländlichen Dionysien symbolisierten Phallosdarstellungen das von Dionysos erflehte Gedeihen. Das Ganze ergab ein ungemein farbenfrohes Bild: Die attischen Bürger trugen weiße Kleidung, die Metöken scharlachrote; vor allem aber wetteiferten die Choregen mit den prunkvollsten Gewändern. Wenn sie an diesem Tag in den Mittelpunkt des Interesses rückten, so war das eine Entschädigung für die beträchtlichen Ausgaben, die der Staat ihnen für die Festvorbereitungen abverlangt hatte.[19]

Über den genauen Verlauf des Festes sind wir trotz seiner großen Popularität nur mangelhaft unterrichtet. Der Grund liegt auf der Hand: Was die meisten aus persönlicher Erfahrung kannten, darüber brauchte man nicht eigens zu berichten. So wissen wir nicht genau, an welcher Stelle der Stadt sich der Prozessionszug formierte; jedenfalls endete er vor dem Tempel des Dionysos Eleuthereus. Dort wurden die Opfer dargebracht, und anschließend begaben sich alle in das benachbarte Theater. Wenn nun die Prozession am frühen Morgen begann, dann konnte die Festversammlung noch im Laufe des Vormittages im Theater eintreffen. Hier fanden zunächst die bereits erwähnten Ehrungen und Akte nationaler Selbstdarstellung statt, während dann der Nachmittag den Dithyramben, den von Knaben- und Männerchören vorgetragenen Kultliedern, vorbehalten war. Ob schließlich dieser erste Festtag mit seiner außerordentlich gedrängten Programmfolge noch mit einem Festtreiben durch die Stadt (Komos) ausklang, hängt von der Interpretation des einzigen einschlägigen Textzeugnisses ab, des in der Meidias-Rede des Demosthenes zitierten Gesetzes des

---

[18] Bei Menander (Frg. 382 Kö-Th) spinnt sich bei dieser Gelegenheit eine Liebschaft an. Das ist Komödientopos.

[19] Vgl. S. 31 ff., 43 f. — Der Redner Demosthenes hatte als Chorege seiner Phyle mit einem Diadem bekränzt und in goldbesticktem Mantel an der Prozession teilnehmen wollen. Sein politischer Gegner und persönlicher Feind Meidias suchte das zu vereiteln, indem er in die Werkstatt des Goldschmieds einbrach und die prunkvolle Garderobe beschädigte (Dem. 21, 22); vgl. Fiehn, RE XV, 1 (1931), Sp. 336 f., s. v. Meidias; A. Schäfer, Demosthenes und seine Zeit (2. Aufl. Leipzig 1886) II, S. 86—109; I. Bruns, Das literarische Porträt der Griechen, Berlin 1896 (Repr. Hildesheim 1961) S. 558 bis 570.

Euegoros.[20] Es will uns ganz plausibel erscheinen, daß der Festtag, der zeremoniell begonnen hatte, in ausgelassener Festesfreude endete.[21]

Die Dithyramben waren die eigentlichen Festlieder des Dionysos, Lieder, die von einem Männer- oder Knabenchor zur Begleitung eines Aulos gesungen und getanzt wurden.[22] Der Name Dithyrambos ist ungeklärt, jedenfalls außergriechischen Ursprungs; er bezeichnet sowohl den Gott selbst als auch das Lied. Beide kamen zusammen von den thrakisch-phrygischen Völkern nach Griechenland. Der Weg nach Athen führte über Korinth. Dort, so hören wir, hat Arion am Hofe des Periander Dithyramben einstudiert, und er war es wohl, der das alte Kultlied zur Kunstform erhoben hat. Von der außerordentlich reichen, mehrere Jahrhunderte währenden Dithyramben-Produktion sind uns nur klägliche Reste erhalten, obwohl die Chorlyrik in der 1. Hälfte des 5. Jh.s in Athen eine Blütezeit erlebte: Simonides, Pindar und Bakchylides (sie alle übrigens keine gebürtigen Athener) steuerten Dithyramben für die Aufführungen an den Dionysien bei. Im Falle des Bakchylides hat uns ein bedeutender Papyrusfund wenigstens eine ungefähre Vorstellung von der Eigenart dieser Lieder vermittelt.[23] Formal sind sie in der Regel strophisch gebaut und gleichen darin den Chorliedern der Tragödie, thematisch aber haben sie sich von einem Kultlied im strengen Sinne schon entfernt und unter dem maßgeblichen Einfluß des Epos eine starke Ausweitung erfahren, insofern als sie umfangreiche erzählende Partien allgemein mythologischen Charakters enthalten und mit entsprechenden Titeln versehen wurden. Es fällt

---

[20] Dem. 21, 10; hier werden die Ereignisse an den Dionysien so hintereinander aufgezählt: ἡ πομπὴ καὶ οἱ παῖδες καὶ ὁ κῶμος καὶ οἱ κωμῳδοί καὶ οἱ τραγῳδοί ... Der hinter den Knaben genannte Komos steht kaum für die Männerchöre, so daß man darin eine Bezeichnung für den Dithyrambos sehen müßte, vielmehr scheint die Erwähnung der ἄνδρες im Text ausgefallen zu sein und muß sinngemäß ergänzt werden.

[21] So in vorsichtiger Formulierung Pickard-Cambridge, Festivals, S. 63; die Bearbeiter der 2. Aufl. stellen das in Frage, ebd. S. 66. — Anders E. Bethe, Hermes 61 (1926), S. 459—464.

[22] E. Reisch, RE III, 2 (1899), Sp. 2431—38, s. v. χορικοὶ ἀγῶνες; O. Crusius, RE V, 1 (1903), Sp. 1203—1230, s. v. Dithyrambos; Pickard-Cambridge, Dithyramb S. 7 ff.; H. Patzer, Die Anfänge der griechischen Tragödie, Wiesbaden 1962, S. 90—114. — Der Aulos wurde mit Zungenplättchen wie eine Oboe geblasen, fast immer paarig als Doppelaulos. Die übliche Wiedergabe mit 'Flöte' ist unkorrekt. Abbildungen bei M. Wegner, Das Musikleben der Griechen, Berlin 1949.

[23] Bakchylides Frg. 15—28 Snell; vgl. A. Lesky, GGL³ S. 239 ff.

nicht nur schwer, eine besondere Bindung an dionysische Stoffe zu erkennen — der Bezug auf göttliches Wirken fehlt bisweilen sogar ganz, so daß man von „Heroenballaden" gesprochen hat.[24] Nach dem Gesagten scheint es plausibel, daß die Tragödie sich von den Vorsängern des Dithyrambos entwickelt haben soll.[25] Ob nun von außen ein Einzelsprecher zum Chor hinzutrat oder ob der ursprüngliche Chorführer sich verselbständigte und zum ersten Schauspieler wurde, können wir nicht entscheiden. Soviel freilich ist sicher: Die Sonderentwicklung, welche die aus dem Dithyrambos hervorgegangene Tragödie nahm, hat dessen eigener Entfaltung keinen Abbruch getan. Im Gegenteil — Lasos von Hermione, der ein jüngerer Zeitgenosse des Thespis war und den Dithyrambos in Athen heimisch machte, scheint ihm entscheidend neue Impulse gegeben zu haben. Nach der Neuordnung der Phylen durch Kleisthenes (etwa seit dem Jahre 508/7) traten an den Städtischen Dionysien neben den Tragödien nun auch Dithyrambenchöre in Wettstreit miteinander.[26]

Diese lyrisch-orchestischen Agone wurden von den Phylen untereinander ausgetragen. Wie viele Dithyrambenchöre an einem Fest aufgeführt wurden, ist eine Streitfrage, denn unser Gewährsmann[27] nennt zwar die Zahl von jeweils fünfzig Sängern pro Chor, aber ob jede Phyle sowohl einen Knaben- als auch einen Männerchor stellte oder ob insgesamt nur zehn Chöre konkurrierten, geht aus dem Wortlaut nicht sicher hervor, so daß beide Interpretationen Anhänger finden.[28] Der epigraphische Befund unterstützt indessen mehr die erstgenannte Auslegung, denn er zeigt, daß ein und dieselbe Phyle im gleichen Jahr mit dem Knaben- und dem Männerchor siegen konnte.[29] Da wir nichts von einer Vorentscheidung oder Auswahl hören,[30] legt das die Teilnahme

---

[24] Schmid-Stählin, GGL I, 1 (München 1929), S. 342; H. Patzer S. 98 ff. bezweifelt die Richtigkeit des Titels „Dithyramben".

[25] Arist. Poet. 4, 1449 a 11; vgl. K. Ziegler, RE VI A 2 (1937), Sp. 1906—9, s. v. Tragoedia.

[26] Als ersten Sieger mit einem Männerchor nennt das Marmor Parium (FGrHist 239, mit F. Jacobys Kommentar) c. 46 den sonst unbekannten Hypodikos von Chalkis.

[27] Schol. Aeschin. 1, 10.

[28] Für je 5 Chöre plädieren u. a. E. Reisch, RE III, 2 (1899), Sp. 2412 f., 2432; Pickard-Cambridge, Festivals S. 66, 75, 1; A. Lesky, GGL³ S. 345; für je 10 Chöre: J. Gould und D. M. Lewis bei Pickard-Cambridge a. a. O.; H. C. Baldry, The Greek Tragic Theatre, S. 27.

[29] IG II² 2318, zum Jahr 332, vgl. H. J. Mette, Urkunden S. 36.

[30] E. Reisch, RE III, 2 (1899), Sp. 2432 denkt an ein Losverfahren.

aller zehn Phylen in beiden Sparten nahe, d. h. die Anzahl der Chöre betrug insgesamt zwanzig.

Über die mutmaßliche Dauer eines gesungenen Dithyrambos läßt sich keine Aussage machen, solange wir kaum vollständige Texte besitzen. Man wird darum zeitliche Erwägungen am besten aus dem Spiel lassen. Zwanzig Chorstücke mäßigen Umfanges ließen sich jedenfalls auf einem Nachmittage unterbringen, wenngleich man zugeben muß, daß dies hohe Anforderungen an die Aufnahmefähigkeit des Publikums stellt. Aber dasselbe gilt ja auch für die dramatischen Agone der folgenden Tage.

Vorbereitung und Durchführung ähneln in mancher Hinsicht dem dramatischen Wettbewerb. Hier wie dort kam ein Chorege für die Kosten auf. Der erforderliche Aufwand (so hören wir) war bei den Dithyramben beträchtlich;[31] das spricht für eine verhältnismäßig lange Probenzeit. Für die Einstudierung wurden ein Didaskalos und ein Aulosspieler engagiert, und die Choreuten mußten neben Text und Gesang einen komplizierten Ablauf von Tanzbewegungen erlernen. Gewiß hatte der Chorege auch für die festlichen Gewänder aufzukommen; Kosten für Masken entfielen.

Im letzten Viertel des 5. Jh.s unterlag der Dithyrambos einem tiefgreifenden Wandel; der Text trat gegenüber der Musik zurück, und der Aulosspieler avancierte zur Hauptperson, so daß Inschriften schlicht von Auletenagonen reden. Der Dithyrambos wurde zu einem durchkomponierten, mehr oder weniger säkularisierten Konzertstück. Wir finden hier Entwicklungslinien vorgezeichnet, die auch für das Drama bestimmend werden.[32]

Die folgenden Tage waren dem Drama gewidmet. Solange es an den Dionysien nur Tragödien-Agone gab, waren die Spieltage der 11.—13. Elaphebolion. Nach der Einführung der Komödie im Jahre 486 verschoben sich die Daten um einen Tag; die Tragödie als der gewichtigste Teil des Festes bildete auch weiterhin den Schluß (12.—14.), während der Komödie nun der zweite Festtag (11.) zugewiesen wurde.[33] Im Peloponnesischen Krieg scheint man, um Kosten zu sparen, das Programm vorübergehend gekürzt zu haben: Man spielte jetzt nur drei Komödien und beschränkte die dramatischen Agone wieder auf ins-

---

[31] S. u. S. 35, Anm. 78.

[32] H. Schönewolf, Der jungattische Dithyrambos, Diss. Gießen 1938.

[33] So der Gesetzestext des Euegoros (Dem. 21, 10). Umgekehrt räumte man der Komödie entsprechend ihrer Bedeutung an den Lenäen die Schlußstellung ein.

gesamt drei Tage, wobei jeweils eine Komödie am Nachmittag einer
tragischen Tetralogie folgte.[34] Entsprechend früh am Morgen mußte
man beginnen. Eine durchschnittliche Spieldauer von zwei Stunden für
eine Tragödie ist gewiß nicht zu hoch angesetzt, ein Satyrspiel kam mit
der Hälfte der Zeit aus. Das ergibt eine Summe von sieben Stunden
reiner Aufführungszeit für eine Tetralogie!

Ihrem kultischen Charakter entsprechend ging den Aufführungen
ein Opfer voraus. Man schlachtete ein Ferkel und entsühnte mit seinem
Blut, das man versprengte, das Theater und die versammelte Zu-
schauerschaft. Dann wurden die Richter bestimmt, die am Ende der
Aufführungen stellvertretend für das ganze Volk ihre Entscheidung zu
treffen hatten, und nachdem diese auf besonderen Ehrensitzen Platz
genommen hatten, konnten die Aufführungen beginnen.[35]

Die Reihenfolge der Konkurrenten bestimmte das Los, das gilt für
die Dramen so gut wie für die Dithyrambenchöre. Wer als letzter
antrat, genoß einen leichten Vorteil, weil die Kritiker von seinem Stück
am Ende den lebhaftesten Eindruck hatten.[36] Man versteht die Sorge
des Aristophanes, der in der ›Weibervolksversammlung‹ seine Richter
mahnt (1158 f.), einen sachgerechten Spruch zu fällen — er hatte in
diesem Jahr das Pech, der erste der fünf Konkurrenten des Tages zu
sein. Solche Appelle an die Richter waren nichts Ungewöhnliches; im
vorliegenden Falle wurden die Verse offensichtlich im letzten Augenblick in den Text eingefügt, nachdem der Dichter sie für den Bedarfs-
fall schon bereitgehalten hatte.

Ein Tagespensum von fünf Komödien bedeutet zehn Stunden Still-
sitzen im Theater — eine unerhörte physische und geistige Leistung!
Man wird sich das zu einem Teil daraus erklären, daß zu der Zeit, als
die Gewohnheiten sich etablierten und allmählich zu „Regeln" wurden,

---

[34] Das liest man aus Ar. Av. 785 f. heraus (auch Ach. 40 und Av. 1499
können in diesem Sinne interpretiert werden), vgl. K. Schneider, RE III A 1
(1927), S. 508, s. v. σκηνικοὶ ἀγῶνες; W. B. Dinsmoor, Hesperia 23 (1954),
S. 307; Pickard-Cambridge, Festivals, S. 66, 83; V. Ehrenberg, Aristophanes
und das Volk von Athen, Zürich 1968, S. 399 Anm. 15; Th. Gelzer, RE
Suppl. 12 (1971), Sp. 1406 f., s. v. Aristophanes. — Gegen die communis
opinio einer Kürzung des Komödienagons führt W. Luppe, Philologus 116
(1972), S. 53—75 allerdings bedenkenswerte Argumente ins Feld.

[35] S. u. S. 40 ff.

[36] Oder sollte man mit T. B. L. Webster (Hermathena 6, 1965, S. 21) annehmen, daß seit dem Ende der inhaltlich gebundenen Trilogien pro Tag je
ein Stück der drei Konkurrenten aufgeführt wurde?

die Stücke wesentlich kürzer waren als in klassischer Zeit: Für den Komiker Magnes hat man einen Umfang von maximal dreihundert Versen pro Stück errechnet.[37] Die Einzelheiten der dramatischen Aufführungen werden Gegenstand eines gesonderten Kapitels sein;[38] hier soll nur der Verlauf des Festes als solcher skizziert werden.

Mit der Verkündigung der Sieger im tragischen Agon gingen die Städtischen Dionysien am Abend des fünften Tages formal zu Ende. Trotzdem kam man danach ein weiteres Mal zusammen, denn ein Gesetz schrieb vor,[39] daß die Organisation und Durchführung des Festes seitens des verantwortlichen Beamten und seiner Stellvertreter auf einer Volksversammlung zu untersuchen und zu billigen sei. Auch besaß jedermann das Recht, über Zwischenfälle, die den Feiertagsfrieden gestört hatten, Klage zu führen, und wenn ihm hier stattgegeben wurde, so hatte er, sollte es danach zu einem regulären Prozeß kommen, gute Chancen zu gewinnen.[40]

Als Zeitpunkt für die abschließende Volksversammlung sah das Gesetz den auf das Zeusfest Pandia folgenden Tag vor. Dieses altertümliche Fest, das im Schatten der Dionysien mehr und mehr an Bedeutung einbüßte, wurde um die Monatsmitte begangen, daraus ergibt sich als ein mögliches Datum für die Volksversammlung der 16. Elaphebolion.[41] Es scheint in diesem Punkte allerdings einen gewissen Ermessensspielraum gegeben zu haben, da uns auch spätere Termine bezeugt sind.

Übersicht über die Städtischen Dionysien

A. Festfolge

8. Elaphebolion		Proagon; Vorstellung der Dichter und ihrer Stücke (seit 444 im Odeion des Perikles)
9.	„	(abends) Einholen des Götterbilds
10.	„	1. Festtag: Prozession. Festopfer, Dithyramben (jew. 10 [?] Männer- und Knabenchöre), Komos (?)

---

[37] A. Lesky, GGL[3] S. 473.   [38] Vgl. S. 30 ff.

[39] Dem. 21, 8; vgl. Pickard-Cambridge, Festivals S. 68 ff.

[40] Wir wissen, daß Demosthenes wegen der von Meidias erlittenen Beleidigungen (s. o. S. 20 Anm. 19) an das versammelte Volk appellierte und recht erhielt. Trotzdem mußte er schließlich in einen Kompromiß einwilligen, so daß die überlieferte Rede wohl gar nicht mehr gehalten wurde.

[41] W. S. Ferguson, Hesperia 17 (1948), S. 134 Anm. 46. — Das gesamte Material übersichtlich zusammengestellt bei J. D. Mikalson, The Sacred and Civil Calendar of the Athenian Year, Princeton 1975, S. 123 ff.

11. Elaphebolion 2. Festtag: Komödien-Agon (5 Stücke)
12.—14. „ 3.—5. Festtag: Tragödien-Agon (je 1 Tetralogie)
16. „ Volksversammlung im Theater

B. Zeittafel

seit ca. 534 Agon der tragischen Dichter (Sieger: Thespis)
seit ca. 509 Agon der Dithyrambos-Männerchöre (Sieger: Hypodikos von Chalkis)
seit 486 Agon der komischen Dichter (Sieger: Chionides)
seit ca. 447 Agon der tragischen Schauspieler
386 1. Wiederaufführung einer alten Tragödie, noch außer Konkurrenz (spätestens 341 auch im regulären Programm)
339 1. Wiederaufführung einer alten Komödie, noch außer Konkurrenz (spätestens 311 auch im regulären Programm)
nach 329 Agon der komischen Schauspieler
ca. 315 Ende des Choregen-Systems; Organisation durch einen staatlichen Agonothetes

Die Lenäen

Über die Lenäen, genauer gesagt: die Dionysien am Lenaion, wissen wir erheblich weniger als über die Städtischen Dionysien.[42] Sie waren das ältere Fest (darum trug der Archon Basileus die Verantwortung) und wurden im attischen Monat Gamelion, also im Januar/Februar gefeiert. Benannt waren die Lenäen nach der Örtlichkeit, an der sie begangen wurden. Wo allerdings das Lenaion anzusiedeln sei, darüber gehen noch heute die Meinungen weit auseinander. Die alte These, daß es mit dem Heiligtum des Dionysos im Stadtteil Limnai (in den „Sümpfen", am Westhang der Akropolis) gleichzusetzen sei, darf wohl als erledigt gelten.[43] Mehr Glaubwürdigkeit verdienen demgegenüber literarische Zeugnisse, die auf die Gegend der Agora weisen, doch ist hier bei Grabungen noch keine Spur eines Heiligtums zutage getreten.[44] Zumindest so viel darf als gesichert gelten, daß der Name „Lenaion"

[42] K. Schneider, RE III A 1 (1927), Sp. 502—4, s. v. σκηνικοὶ ἀγῶνες; L. Deubner, Attische Feste, Berlin 1932, S. 123—134; Pickard-Cambridge, Festivals, S. 25—42; J. D. Mikalson, The Sacred and Civil Calendar S. 109 f.
[43] Sie basiert auf einer Notiz des Hesych. Während A. Körte, RE XI, 1 (1921), Sp. 1226, s. v. Komödie und Bieber, History S. 52 m. Anm. 8 zuversichtlich urteilen, bezweifelt W. Kroll, RE XIII, 1 (1926), Sp. 704 f., s. v. Limnai ihre Richtigkeit; vgl. Pickard-Cambridge, Festivals S. 38 ff. und L. Deubner S. 124.
[44] Pickard-Cambridge S. 37 f.; H.-J. Newiger, WS 89 (1976), S. 81, 84 f.

von lenai, einem seltenen Wort für „Bakchantinnen", abzuleiten ist und nicht von lenos „Weinkelter", denn ein Kelterfest mitten im Winter ist sachlich ein Unding.

Man muß also in den Lenäen ein Fest für den orgiastischen Dionysos sehen, und eine solche Auffassung führte A. Frickenhaus zu seiner (allerdings nicht einhellig akzeptierten) Interpretation einer Reihe von Vasen aus dem 5. Jh. als sog. Lenäenvasen.[45] Auf ihnen sind mänadisch schwärmende Frauen abgebildet, die einen merkwürdigen Typus von Dionysos verehren. Es handelt sich bei diesem um eine Art Idol, eine bärtige, an einem Pfahl oder einer Säule befestigte Maske; um diesen Pfahl rankt sich Efeu und anderes Grün, und nicht selten wird er sogar bekleidet dargestellt, so daß die Grenze zwischen Bildwerk und Person verschwimmt. Bei der zugrundeliegenden Kulthandlung spielen Wein und Opferkuchen eine Rolle. Fest steht, daß es sich hier um einen Nachklang des dionysischen Thiasos handelt; eine Zuweisung an ein bestimmtes Fest fällt beim gegenwärtigen Stand unserer Kenntnisse allerdings schwer.

Das bereits erwähnte Gesetz des Euegoros[46] nennt für die Lenäen nur eine Prozession und die Komödien- und Tragödienaufführungen, nicht aber einen Komos. Ein solcher ist jedoch mit großer Wahrscheinlichkeit zu postulieren, weil gerade an diesem Fest seit ältester Zeit die Komödie heimisch war,[47] und wenn die o. g. These von den Lenäenvasen stimmt, besitzen wir sogar einschlägiges Bildmaterial.

Der Austragungsort der Agone war zunächst das Heiligtum des Gottes, also das Lenaion. Erst nachdem der Staat sie in seine Obhut genommen hatte, wechselten sie in das Dionysostheater hinüber.[48] Es hat

---

[45] A. Frickenhaus, 72. Winckelmannsprogramm, Berlin 1912. Demgegenüber plädierte M. P. Nilsson für die Anthesterien. Zur Problematik: L. Deubner S. 127 ff.; Pickard-Cambridge, Festivals S. 30 ff. (Lit.: S. 34, 1); Arias-Hirmer-Shefton, A History of Greek Vase Painting S. 372 ff.

[46] Vgl. S. 21 Anm. 20.

[47] L. Deubner, Attische Feste S. 133, 4; Pickard-Cambridge, Dithyramb S. 144.

[48] Pickard-Cambridge, Festivals S. 40; T. B. L. Webster, Greek Theatre Production S. 5; Griechische Bühnenaltertümer S. 19. — Daneben finden sich immer wieder Verfechter eines gesonderten Lenäentheaters bis hinein ins 4. Jh., so C. Fensterbusch, RE V A 2 (1934), Sp. 1392, s. v. Theatron; Bieber, History S. 69 f.; C. Anti, Teatri greci arcaici, Padova 1947, S. 202 ff.; C. F. Russo, Aristofane autore di teatro, Firenze 1962, S. 3 ff. Gleichwohl scheinen die von Th. Gelzer, RE Suppl. 12 (1971), Sp. 1513 f. gegen diese These erhobenen Einwände unabweisbar.

verhältnismäßig lange gedauert, bis dieser Schritt vollzogen wurde, denn nach der Einrichtung eines offiziellen Komödienagons an den Städtischen Dionysien verging noch fast ein halbes Jahrhundert, bis die Lenäen ca. 440 nachfolgten. Wir können uns das recht gut erklären: Die Komödie hat an ihrer alten Heimstätte die ursprüngliche, improvisatorische Gestalt (d. h. Einrichtung und Aufführung durch Freiwillige) lange bewahrt[49] und bedurfte darum keiner Subventionierung durch den Staat.

Im weiteren Verlauf scheint der Komödienagon an den Lenäen die gleiche Entwicklung genommen zu haben wie an den Dionysien. Von Anfang an dürfte die Fünfzahl der Konkurrenten üblich gewesen sein,[50] auch hier brachten die Kriegsjahre vorübergehend eine Verminderung auf drei. Zugleich mit der Übernahme in die staatliche Verantwortung setzte wahrscheinlich auch der Wettkampf der komischen Schauspieler ein.[51]

Gegenüber der Komödie trat die Tragödie an den Lenäen deutlich in den Hintergrund. Für sie setzten die offiziellen Agone etwa ein Jahrzehnt später ein, ebenfalls zugleich mit einem Wettkampf der Schauspieler.[52] Es scheinen überhaupt nur zwei Tragiker mit jeweils zwei Stücken konkurriert zu haben, und von Satyrspielen hören wir gar nichts.[53] Wir können zwar nicht sicher entscheiden, ob diese für die Jahre 419/18 geltenden Angaben der Norm entsprachen oder nur ein reduziertes Programm aus Kriegsjahren widerspiegeln, doch spricht einiges dafür, daß der tragische Agon an einem einzigen Tage entschieden wurde. Dem geringeren Umfang entsprach die Bedeutung: Die großen Dichter haben nicht oft an den Lenäen aufgeführt. Sophokles hat von seinen 24 bezeugten Siegen nur 6 an den Lenäen errungen, Euripides scheint dieses Fest sogar ganz gemieden zu haben.[54]

Überhaupt wurde ein Sieg an den Dionysien höher veranschlagt,[55] selbst von Dichtern der Komödie. Man braucht sich nur zu vergegen-

---

[49] ἐθελονταί, Arist. Poet. 5, 1449 b 2.

[50] A. Körte, RE XI, 1 (1921), Sp. 1229, s. v. Komödie.

[51] Pickard-Cambridge, Festivals S. 116 (IG II² 2325), S. 125.

[52] K. Schneider, RE III A 1 (1927), Sp. 504, s. v. σκηνικοὶ ἀγῶνες; Pickard-Cambridge, Festivals, S. 93 u. 125.

[53] Vgl. die Didaskalien-Inschrift (IG II² 2319), Pickard-Cambridge, Festivals, S. 109.

[54] C. F. Russo, MH 17 (1960), S. 165—170.

[55] Das Marmor Parium verzeichnet als ersten Sieg eines Dichters stets einen solchen an den Dionysien. So erklärt sich der scheinbare Widerspruch, daß laut Hypothesis zu Menanders ›Dyskolos‹ dieses Stück an den Lenäen

wärtigen, wie betroffen der erfolgverwöhnte Aristophanes über die Niederlage seiner ›Wolken‹ an den Dionysien des Jahres 423 war.

Der Charakter der Lenäen war nicht panhellenisch wie derjenige der Städtischen Dionysien. Da während der Wintermonate der Schiffsverkehr ruhte, blieben die Fremden aus und die Athener waren unter sich.[56] Man vermeint den Aristophanischen Stücken, deren Aufführung für die Lenäen bezeugt ist, ein höheres Maß an spezifisch Athener Lokalkolorit anzusehen.

Außerathenische Aufführungen

Im 5. Jh. sind nur vereinzelt Aufführungen außerhalb Athens nachweisbar: So inszenierte Aischylos am Hofe Hierons in Syrakus[57] und Euripides während seiner letzten Lebensjahre an dem des Archelaos in Pella. Ferner bezeugt ein antiker Kommentator für die ›Andromache‹ einen (uns unbekannten) außerathenischen Aufführungsort,[58] und eine Stelle aus den ›Frauen am Thesmophorienfest‹ des Aristophanes läßt darauf schließen, daß Euripides im Aufführungsjahr 411 bereits an verschiedenen Orten gespielt wurde.[59] Ein wirklicher Durchbruch erfolgte erst im 4. Jh., als sich das Theaterwesen von Attika aus schnell über die ganze griechische Welt ausbreitete. Athen blieb trotzdem das geistige Zentrum: Hierhin zog es die Dichter und Schauspieler, und hier fanden auch die meisten Uraufführungen statt.[60] Auswärts dagegen spielte man eher die bewährten Stücke der Klassiker.

Außerhalb Athens löste sich die Bindung der dramatischen Agone an den Dionysoskult. Zwar bildeten auch weiterhin Feste zu Ehren eines Gottes den Anlaß für Aufführungen, aber Dionysos war nurmehr einer von vielen, und es bestanden keine wesensmäßigen Beziehungen mehr zwischen dem jeweiligen Festgott und dem Drama als Institution. Im böotischen Thespiai verehrte man die Musen vom

des Jahres 317/16 (der Name des Archonten beruht auf einer überzeugenden Konjektur) den ersten Preis errang, obwohl das Marmor Parium erst für das folgende Jahr einen Sieg Menanders überliefert hat (vgl. Test. 23, 24 Kö-Th).

[56] So Ar. Ach. 504 f.
[57] Vgl. S. 109 Anm. 7.
[58] Schol. zu Andr. 445. — Pickard-Cambridge, Theatre S. 52; A. Lesky, Tragische Dichtung S. 338 m. Anm. 90.
[59] Ar. Thesm. 390 f.
[60] Plat. Lach. 183 A. — Vgl. aber S. 8 zur Mittleren Komödie.

Helikon, nicht weit entfernt in Oropos stand das berühmte Orakel
des Amphiaraos im Mittelpunkt, und in Delphi feierte man Apollon,
und zwar mit einem jährlichen Dankfest für die Errettung des pan-
hellenischen Heiligtums vor den einfallenden Kelten i. J. 279/8.[61] Die
Aufführungen in Argos wiederum galten der Hera, die in Dodona (in
dem heute wieder benutzten Theater) dem Zeus Naios, und in
Epidauros endlich gehörte das außerhalb der Stadt gelegene Theater
zum heiligen Bezirk des Asklepios.

Es war nur noch ein kleiner Schritt, bis im Hellenismus auch politische Ereignisse, Siegesfeiern oder königliche Hochzeiten zum Anlaß
für dramatische Aufführungen genommen wurden. In erster Linie
verdienen hier die delischen Bundesfeiern für einige vergöttlichte
Herrscher genannt zu werden.[62] Selbst bei solchen Gelegenheiten aber
wendete man sich an die Götter — sei es um ihre Gunst zu erflehen,
sei es um ihnen Dank abzustatten. Trotzdem besteht kein Zweifel, daß
das Drama immer weltlicher und literarischer geworden ist.

2. Zustandekommen einer Aufführung

Archon — Choregos — Chorodidaskalos

Die Vorbereitungen für die dramatischen Agone nahmen mehr als
ein halbes Jahr in Anspruch. Wenn die für die Feste verantwortlichen
Beamten — für die Städtischen Dionysien der Archon Eponymos, für
die Lenäen der Archon Basileus — im Sommer ihr Amt angetreten hatten, bestand eine ihrer ersten Handlungen darin, aus der Zahl der sich
bewerbenden Dichter drei auszusuchen und ihnen, wie es in der offiziellen Terminologie hieß, einen Chor zuzuteilen.[63] Nach welchen
Prinzipien sie dabei verfuhren, lesen wir nirgends, aber wir können
uns die Schwierigkeiten dieses Geschäfts gut vorstellen. Weder der
Archon noch seine beiden Beisitzer besaßen hierfür eine besondere
Qualifikation, und die Sorge um die Ausrichtung der Städtischen
Dionysien war nur eine unter ihren verschiedenartigen Aufgaben.

---

[61] G. M. Sifakis, Studies in the History of Hellenistic Drama, London
1967, S. 61 ff.; Inschriften bei H. J. Mette, Urkunden S. 43 ff.

[62] G. M. Sifakis S. 15 ff.

[63] Über die Archonten vgl. Arist. Resp. Ath. 55 ff.; F. Jacoby, Atthis,
Oxford 1949; C. Hignett, A History of the Athenian Constitution, Oxford
1952.

Da nicht damit gerechnet werden kann, daß der Archon vor seiner Entscheidung die Dramentexte der Bewerber ganz oder in Auszügen las,[64] wird er sich mit Angaben allgemeinen Charakters über deren Inhalt zufriedengegeben haben und statt dessen „handfestere" Dinge berücksichtigt haben. Meistens dürfte die Persönlichkeit der jeweiligen Konkurrenten ausschlaggebend gewesen sein, und zwar in erster Linie das Ansehen, das sie aufgrund früher errungener Erfolge genossen. Der Beifall des Publikums war ein zu eindeutiges Phänomen, als daß der Archon sich hätte darüber hinwegsetzen können. So darf man behaupten, daß neben künstlerisch-ästhetischen Kategorien bei der Auswahl auch politisch-weltanschauliche eine Rolle spielten; denn wo es nicht zuletzt von der Zustimmung einer Mehrheit und von staatlichen Instanzen abhängt, ob jemand als Dichter auftreten darf oder nicht, ist die Annahme, er könne sich von politischen Tendenzen und Auseinandersetzungen generell fernhalten, wohl zu verneinen.

Zweifellos wurden bei einem solchen Auswahlsystem, das der öffentlichen Meinung maßgeblichen Anteil zusicherte, die etablierten Dichter bevorzugt. Für einen jungen, noch unbekannten Mann war infolgedessen der erste Auftritt von ganz entscheidender Bedeutung für die weitere Karriere. Wurde er vom Publikum akzeptiert, konnte er damit rechnen, auch in Zukunft zugelassen zu werden; fiel er durch, erhielt er nur schwer zum zweiten Mal die Chance eines Chores. Fehlentscheidungen des Archon konnten nicht ausbleiben, waren unseres Wissens jedoch sehr selten.[65]

Die nächste Aufgabe des Archon bestand darin, Privatleute ausfindig zu machen, die für die Kosten der Einstudierung der Chöre aufkamen. Diese Leute hießen Choregen — ein Wort, das eigentlich „Chorführer" bedeutet, jedoch früh zum Terminus technicus für den staatlich bestimmten Geldgeber wurde.[66] Normalerweise meldeten sich freiwillige

---

[64] Die Dichter der Alten Komödie fügten ihren Texten bis wenige Wochen vor der Aufführung aktuelle Anspielungen ein. Generell ist zu bezweifeln, daß Manuskripte zur Begutachtung eingereicht wurden.

[65] So ereifert sich einmal Kratinos (Frg. 15), daß man Sophokles zugunsten eines gewissen Gnesippos zurückgewiesen habe.

[66] Für den Anführer des Chors, den Vorsänger und Repräsentanten im Gespräch mit den übrigen Personen des Dramas, bürgerte sich statt dessen der Name Koryphaios ein. — Zum Choregen: E. Reisch, RE III, 2 (1899), Sp. 2409—22, s. v. χορηγία und 2422—3, s. v. χορηγός; A. Körte, RE XI, 1 (1921), Sp. 1234, s. v. Komödie; A. Brinck, Inscriptiones Graecae ad choregiam pertinentes, Diss. Halle 1886; H. J. Mette, Urkunden S. 73 ff., 235 ff.

Bewerber um dieses ehrenvolle, mit hohem Kostenaufwand verbundene Amt; war dies nicht der Fall, oblag es dem Archon, aus dem Kreise der Vermögenden geeignete Leute zu bestimmen. Zur Übernahme einer solchen Choregie als einer Dienstleistung zum Wohle der Allgemeinheit („Leiturgie") war jeder freie Bürger grundsätzlich verpflichtet, an den Lenäen sogar die Metöken.[67] Wer sich zu Unrecht zu dieser Art von Sonderbesteuerung herangezogen fühlte, durfte an seiner Stelle einen anderen, angeblich noch reicheren Mitbürger benennen, mußte aber mit der Möglichkeit rechnen, daß der so Herausgeforderte statt dessen einen Vermögenstausch vorschlug, der sofort vollzogen werden mußte. Nun hatte der zuerst benannte Kandidat die Kosten vom Vermögen des anderen zu bestreiten, und wer sich seiner Sache nicht sicher war, wird sich wohlweislich gehütet haben, eine Leiturgie auf einen anderen abzuwälzen.

Für jeden einzelnen Chor wurde ein Chorege bestellt, zum Dithyrambos ebenso wie zu den Dramen. Da im Tragödienagon die drei bzw. vier Stücke eines Dichters eine Einheit bildeten, im Komödienagon aber das Einzelstück, benötigte man allein an den Städtischen Dionysien nicht weniger als 28 Choregen.[68] Sie hatten die Kosten für die Sänger (Choreuten) und für die Gesamtausstattung der Darbietungen zu tragen. Dichter und Choregen wurden einander vermutlich durch Losentscheid zugeordnet.

Zunächst mußte der Chorege die Mitglieder seines Chores verpflichten. Für die Dithyramben war der Personenkreis auf jeweils eine Phyle beschränkt, für die dramatischen Chöre aber stand die Gesamtheit der freien Bürger zur Disposition. Es war nicht gestattet, sich der Aufforderung zur Teilnahme zu entziehen, und wer sich dem mit einem Stück staatlicher Autorität versehenen Choregen widersetzte, riskierte eine Geldbuße. Ebensowenig durfte der Chorege seine Kompetenz überschreiten und etwa jemanden teilnehmen lassen, der von Rechts wegen ausgeschlossen war.

Während der Probenmonate mußte er sodann für den Unterhalt seiner Chormitglieder aufkommen, desgleichen für den ihres Ausbilders und des Aulosspielers. Dies gab ihm Gelegenheit, seine Großzügigkeit unter Beweis zu stellen und auf diesem Wege um persönliche Sympa-

---

[67] Schol. Ar. Plu. 953; U. v. Wilamowitz, Hermes 22 (1887), S. 219; H. Hommel, RE XV, 2 (1932), Sp. 1447 f., s. v. μέτοικοι.

[68] 20 für den Dithyrambos (s. o. S. 22), 3 für die Tragödie, 5 für die Komödie.

thien zu werben.[69] Die Sänger hatten nicht nur Anspruch auf Verpflegung, sondern erhielten auch als Ersatz für finanzielle Einbußen ein bestimmtes Tagegeld. Nach der Aufführung wurden sie noch einmal abschließend bewirtet.[70] Endlich oblag es dem Choregen, die Masken und Kostüme seines Chores zu finanzieren. Die Bedeutung der äußeren Ausstattung darf nicht gering veranschlagt werden; für den Erfolg beim Publikum spielte sie gewiß eine große Rolle. Freilich, wollte ein Chorege Kosten sparen, so konnte er, wenigstens in späterer Zeit, die Kleider auch beim Kostümverleiher besorgen.[71]

Über die genannten obligatorischen Aufgaben hinaus konnte einem Choregen von Mal zu Mal eine „Extraleistung" in der Bereitstellung von Personal (ein sog. Parachoregema) abverlangt werden.[72] Dieses zusätzlich benötigte Personal umfaßte zwei verschiedene Gruppen, nämlich einerseits solche Personen, die für den Gang der Handlung wichtig sind, aus dramatischen Gründen jedoch (weil gerade kein sprechender Schauspieler für ihre Rolle zur Verfügung steht) zeitweilig oder gar dauernd stumm bleiben müssen und darum von einem Statisten gespielt werden,[73] und andererseits Diener und Begleitpersonal, also Statisten im eigentlichen Sinne. Zur ersten Gruppe zählt traditionell Pylades, der treue Freund und Begleiter des Orest, in den Tragödien, die den Muttermord behandeln.[74] Auch Personen, die nur für

---

[69] Lys. 21, 11 f. und 25, 13; Dem. 19, 282; Plut. De gloria Athen. 6, 349 ab; vgl. Pickard-Cambridge, Festivals S. 89. — Nicht zufällig sind gerade die berühmtesten Staatsmänner Athens als Choregen hervorgetreten: Themistokles, Perikles, Nikias, Alkibiades.

[70] Ar. Nub. 339 mit Schol.; Ar. Ach. 1158 ff. (vgl. 886) verhöhnt der Chor einen kleinlichen Choregen, der diese Ehrenpflicht unterließ. — Wir lesen bei Platon (Symp. 173 A), daß der Tragiker Agathon seinen ersten Tragödiensieg persönlich mit seinen Choreuten feierte (i. J. 416 v. Chr.). Am Abend darauf fand dann im kleinen Kreise das berühmte Symposium statt.

[71] Poll. 7, 78.

[72] Der schwierige Terminus παραχορήγημα wird m. E. auf diese Weise am besten erklärt; skeptisch Schmid-Stählin, GGL I, 4 (München 1946) 53; vgl. Pickard-Cambridge, Festivals, S. 137 u. 89, 1; K. Rees, The Meaning of Parachoregema, CPh 2 (1907), S. 387—400; C. Fensterbusch, RE XVIII, 2, 2 (1949), Sp. 130 f., s. v. παραχορήγημα.

[73] Vgl. S. 83.

[74] In den ›Choephoren‹ des Aischylos spricht Pylades lediglich drei (freilich bedeutsame) Verse (900 ff.), in den Elektra-Tragödien des Sophokles und Euripides bleibt er ganz stumm. An einem solchen Beispiel erweist sich die

wenige Worte in einer einzigen Szene benötigt werden, so daß man sie nicht streng mitzuzählen braucht, gehören hierher — dies gilt zumal für Kinderrollen.

Wenn das Stück es verlangte, mußte der Chorege sogar einen ganzen Nebenchor bereitstellen. Dergleichen kam in der 1. Hälfte des 5. Jh.s, als der Chor noch im Mittelpunkt des dramatischen Geschehens stand, am häufigsten vor.[75] Den Choregen kam ein solcher Aufwand teuer zu stehen, und es verwundert nicht, daß Doppelchöre im Lauf der Zeit immer seltener wurden.

Eine Selbstverständlichkeit stellen demgegenüber die reinen Statisten dar. Dienerschaft, die bei Opferhandlungen behilflich ist, oder Lanzenträger, die die Macht von Königen oder Feldherrn sichtbar symbolisieren,[76] benötigt man in jedem Stück, auch wenn im Text oft ein ausdrücklicher Hinweis auf ihre Anwesenheit fehlt.

Im euripideischen ›Kyklop‹ tritt der Satyrchor mit einer ganzen Schafherde auf, die nach ein paar lustigen Eskapaden des Leithammels von Dienern (83) in die Skene, d. h. die Höhle des Kyklopen, getrieben wird. Statt an wirkliche Schafe ist wohl eher an verkleidete Athener Jungen zu denken, also an Parachoregemata.[77]

Die Aufwendungen eines Choregen waren in jedem Falle beträchtlich. Auf seiten der Dramen, zumal der Komödie, schlug die äußere Ausstattung besonders zu Buch, das wurde bei den Dithyramben auf-

Kraft des Mythos: Pylades war als Freund des Orest gleichsam vorgegeben und wurde beibehalten, obgleich er dramaturgisch nicht genutzt werden konnte (vgl. L. Radermacher, Aristophanes' Frösche, 2. Aufl. Wien 1954, S. 40 m. Anm. 2). — Eine aktive Rolle spielt Pylades in der ›Iphigenie bei den Taurern‹ und in der von Euripides weitgehend frei erfundenen Handlung des ›Orestes‹.

[75] In den ›Schutzflehenden‹ des Aischylos treten zu den Choreuten ebenso viele (stumme) Dienerinnen, und im gleichnamigen Stück des Euripides bilden die Söhne der gefallenen Sieben gegen Theben einen Nebenchor. Weitere Beispiele aus der Tragödie nennt W. S. Barrett zu Eur. Hipp. 58 bis 71. — Vielleicht das bekannteste Beispiel eines Nebenchors sind die Frösche im gleichnamigen Stück des Aristophanes. Vgl. J. Lammers, Die Doppel- und Halbchöre in der antiken Tragödie, Paderborn 1931; J. Carrière, Le chœur secondaire dans le drame grec, Paris 1977.

[76] A. Spitzbarth, Spieltechnik S. 59. — Das griechische Wort für „Leibgarde" wurde so sehr mit dem Theater assoziiert, daß es schließlich nur noch in der übertragenen Bedeutung „stumme Person", „bloßer Statist" gebraucht wurde (vgl. LSJ s. v. δορυφόρημα).

[77] So R. Kassel, RhM 98 (1955), S. 282 f.

gewogen durch die große Anzahl von 50 beteiligten Sängern, gegenüber 12 — später 15 — bei der Tragödie und 24 bei der Komödie.[78]
In Zeiten wirtschaftlicher Not fiel es naturgemäß nicht leicht, genügend Choregen namhaft zu machen, so fand man für die Dionysien des
Jahres 405 den Ausweg, die finanziellen Lasten auf jeweils zwei Leute
zu verteilen.[79]
Um die Wende vom 5. zum 4. Jh. half ein struktureller Wandel der
Dramen die beträchtlichen Inszenierungsprobleme zu bewältigen. Wir
beobachten am Spätwerk des Aristophanes, wie das chorische Element
zugunsten des dialogischen zusehends verkümmert, und von der zeit-
genössischen Tragödie berichten antike Gewährsleute dasselbe. Nun
darf dieses Schwinden der Chöre nicht etwa als Folge wirtschaftlicher
Not angesehen werden, gleichsam als ein Akt freiwilliger Beschränkung
seitens der Dichter, weil die herkömmliche Einstudierung zu große
Kosten verursacht hätte. Allenfalls kann man sagen, daß Entwick-
lungen, die sich von langer Hand angebahnt haben, aufgrund der allgemeinen Desillusionierung nach der Niederlage Athens verstärkt zum
Durchbruch gekommen sind, nämlich eine Flucht aus dem politisch-
gesellschaftlichen in den privaten Bereich. Die Komödie, die ja aktuelle
Tendenzen schneller aufnimmt und widerspiegelt als die Tragödie,
zeigt das ganz deutlich. Für ein solches Spiel wird der Chor, der die
Gesamtheit der attischen Bürger vertritt, in der Tat nicht mehr benötigt.[80] In der Tragödie liegen die Dinge ähnlich; auch für sie, die
sich einer vertieften psychologischen Darstellung individueller Kon-
flikte zuwendet, wird der Chor immer entbehrlicher. Bei Agathon
degeneriert er zu musikalisch-tänzerischen Zwischenspielen (Embolima),

[78] Demosthenes (21, 166) betont, daß die Einstudierung eines Dithyram-
ben-Männerchors größere Ausgaben verursachte als die eines Tragödien-
chors. Lysias hat in der 21. Rede (2 f.) einige instruktive Zahlen aus dem
letzten Jahrzehnt des 5. Jh.s überliefert: Sein Mandant hat innerhalb von
10 Jahren 8 Choregien übernommen; die Kosten beliefen sich auf 50 Minen
für einen Männerchor, 30 für einen Tragödien- und 16 für einen Komödien-
chor. — Den tragischen Chor vergrößerte Sophokles (Vita Soph. 4).
[79] Die Quellen sprechen von einer Synchoregie. Dies blieb, soweit wir
sehen, ein Einzelfall oder dauerte doch nur wenige Jahre, vgl. Schol. Ar.
Ran. 404 ff.; Pickard-Cambridge, Festivals S. 87, 2. K. J. Maidment, The
Later Comic Chorus, CQ 29 (1935), S. 3 f. u. 8 f. rechnet mit dem Fortbestehen der Institution bis zum Jahre 394.
[80] Trotzdem vollzog sich der Wandel nicht abrupt: Die ›Fische‹ des
Archippos aus dem Jahre 400 enthielten noch den alten Tiermaskenchor.

die vom Gang der Handlung losgelöst sind. Für den Choregen bedeutete diese Entwicklung eine wesentliche Erleichterung, denn die
Probezeiten für den Chor verkürzten sich drastisch.

Trotz gelegentlicher Schwierigkeiten hat das Choregensystem sich
als funktionsfähig erwiesen. Es überdauerte den politischen Niedergang
Athens und den zeitweiligen Zusammenbruch der Demokratie, jener
Staatsform, der es seine Existenz verdankte. Im Gegenteil, kaum war
der Peloponnesische Krieg zu Ende gegangen, erhöhte sich die Anzahl
der an jedem Fest aufgeführten Komödien wieder auf fünf. Das Interesse der Athener an ihrem Theater bestand ungebrochen fort, und
nach wie vor übte das Choregenamt auf Mäzene und Karrieristen seine
Anziehung aus. Freilich, der Kreis derer, die für dieses Amt in Frage
kamen, schrumpfte infolge des wirtschaftlichen Niedergangs der Stadt
allmählich zusammen. Unter der Regierung des Demetrios von Phale-
ron (vermutlich um 315) erlosch diese eminent demokratische Institution, nachdem sie zwei Jahrhunderte hindurch den Charakter der Aufführungen entscheidend geprägt hatte. Jetzt übernahm der Staat die
alleinige Verantwortung für die Agone. Alljährlich wurde ein Agonothetes gewählt, und dieser besorgte die — mittlerweile zwar nicht
mehr so kostspielige, für den einzelnen aber immer beschwerlichere —
Einstudierung der Stücke nun aus öffentlichen Mitteln. Die alte
Nomenklatur bestand fort: „Chorege war das Volk" heißt es in den
offiziellen Dokumenten.[81]

Mit den Probenarbeiten hatte der Chorege nichts zu tun; dies war
Sache eines Experten. Seit alters her haben in Athen die Dichter ihre
Stücke persönlich einstudiert, so wie diese ursprünglich auch die Funk-
tionen des Choregen selbst versehen hatten. Bei den Tragikern gibt es
unseres Wissens keine Ausnahme von der Regel, der zufolge ein Dichter
immer zugleich ein Mann der Theaterpraxis war. Lediglich Stücke aus
dem Nachlaß wurden von anderen inszeniert: 467 erringt Aristias mit
Stücken seines Vaters Pratinas den 2. Preis, und 406 siegt der jüngere
Euripides mit nachgelassenen Stücken seines Vaters, darunter den
›Bakchen‹ und der ›Aulischen Iphigenie‹. Es entspricht also der Regel,
T IV   wenn auf der Darstellung des Pronomos-Kraters[82] der Dichter mit einer
Textrolle auf der Bank des Regisseurs sitzt. Seit der Mitte des 4. Jh.s,
als die Wiederaufführungen immer zahlreicher wurden, geht die Regie
mehr und mehr auf den Protagonisten über.

Nicht annähernd so strikt wurde die Personalunion von Dichter und

---

[81] Pickard-Cambridge, Festivals S. 91—93; H. J. Mette, Urkunden S. 80 ff.
[82] Vgl. S. 97.

Regisseur auf dem Gebiet der Komödie eingehalten.[83] Wir wissen von Aristophanes, daß er die Regie häufig an andere abgetreten hat. Über die Motive lassen sich nur Mutmaßungen anstellen. Aristophanes hat sehr jung zu dichten begonnen, da mochte zunächst eine gewisse Unsicherheit im Spiel gewesen sein. So sagt er von sich selbst, er habe das schwierige Handwerk von der Pike auf lernen wollen, bevor er mit einer eigenen Regieleistung vor das Publikum hintrete (›Ritter‹ 512 ff.). Aber auch in späteren Jahren verzichtete er nicht selten auf die Einstudierung des Chores, vermutlich weil ihm diese Arbeit nicht besonders lag. Von den 11 erhaltenen Stücken wurden 3 durch Kallistratos und 2 durch Philonides einstudiert, unter ihnen vielleicht nicht zufällig gerade die berühmtesten und erfolgreichsten, nämlich ›Vögel‹, ›Lysistrate‹ und ›Frösche‹. Die beiden letzten (verlorengegangenen) Komödien ›Kokalos‹ und ›Aiolosikon‹ brachte sein Sohn Araros heraus, der auf diese Weise beim Publikum bekannt gemacht werden sollte. Aristophanes war nicht der einzige, der so verfuhr,[84] doch nur in seinem Falle wissen wir genauer Bescheid, weil uns die Handschriften einige didaskalische Notizen von alexandrinischen Gelehrten überliefert haben.

Sobald ein Dichter darauf verzichtete, persönlich Regie zu führen, trat an seine Stelle ein professioneller Chorleiter, Chorodidaskalos oder einfach Didaskalos genannt.[85] Nun wurde mit eben diesem Wort seit jeher schon der seine eigenen Stücke einstudierende Dichter bezeichnet, so daß man die Termini Didaskalos und Poietes nahezu als synonym empfand.[86] Schwierigkeiten für das Verständnis ergaben sich gleichwohl kaum. Wenn in den ›Acharnern‹ (also einem Stück, das nicht vom Autor selbst inszeniert wurde) der Chor in der Parabase von „unserem Didaskalos" spricht (628), dann hat man theoretisch die Wahl zwischen dem Dichter Aristophanes und dem Regisseur Kallistratos; weil jedoch das Publikum spätestens seit dem Proagon den eigentlichen Autor kannte und vom Regisseur unterschied,[87] dürfte

[83] H. Oellacher, Zur Chronologie der altattischen Komödie, WS 38 (1916), S. 121 ff.

[84] H. Oellacher, S. 124; Pickard-Cambridge, Festivals S. 85.

[85] E. Reisch, RE V, 1 (1903), Sp. 401—6, s. v. Διδάσκαλος.

[86] Zur Unterscheidung vom Dichter-Didaskalos wurden die berufsmäßigen Regisseure auch Hypodidaskalos genannt (Photios s. v.; Pickard-Cambridge, Festivals S. 303 Anm. 7).

[87] So erscheint der Name des Dichters in den Didaskalien und in den Siegerlisten auch dann, wenn dieser das Stück gar nicht inszeniert hat, vgl.

auch hier mit Didaskalos der bei der Aufführung ansonsten nicht in Erscheinung tretende Dichter gemeint sein.

Die Einsetzung eines Chorleiters für einen Dithyrambenchor war etwas vergleichsweise Geläufigeres, weil Dithyrambendichter öfter Nichtathener waren und als solche keinen Anteil an den Festvorbereitungen hatten. Stellvertretend trug der Chorege die Verantwortung, daß ein möglichst fähiger Mann die Einstudierung ihres Chores übernahm.

Bei der Bestellung eines Didaskalos für einen (einheimischen) Komödiendichter verfuhr man offenbar anders. Aus der Tatsache, daß in den didaskalischen Angaben zu Aristophanes stets die gleichen zwei Namen auftauchen, hat man mit Recht geschlossen, daß die Dichter sich ihre Regisseure aussuchten. Der Chorege wird in diesem Falle lediglich für die Kosten aufgekommen sein.

Die Einstudierung

Nachdem das Personal zusammengestellt war (dies mußte alljährlich von neuem geschehen, weil es ein Theater als feste Institution nicht gab), galt die nächste Sorge der Bereitstellung geeigneter Räumlichkeiten für die Proben. Auch dies zählte, wie alle Probleme der Organisation, zu den Pflichten des Choregen.[88] Wenn man sich vergegenwärtigt, daß in den Monaten und Wochen vor den Städtischen Dionysien in Athen mehr als zwei Dutzend Chöre nebeneinander einstudiert wurden, dann kann man sich vorstellen, daß diese Aufgabe keineswegs leicht zu lösen war. Möglicherweise standen einige öffentliche Gebäude wie das Odeion oder die Basileios Stoa zur Verfügung,[89] im allgemeinen aber mußte der Chorege wohl auf Privaträume zurückgreifen, die er entweder selbst bereitstellte oder auf eigene Kosten anmietete. In einer Rede des Antiphon macht der Beklagte geltend, er habe die ihm anvertrauten Chöre als Chorege mehrfach in seinem eigenen Hause proben lassen;[90] die Übernahme der Choregie verlangte, wie man sieht,

H. Oellacher, S. 112, 130; K. Schneider, RE III A 1 (1927), Sp. 502, s. v. Σκηνικοὶ ἀγῶνες.

[88] E. Reisch, RE III, 2 (1899), Sp. 2409, s. v. χορηγεῖον.

[89] N. C. Hourmouziades, Production and Imagination in Euripides, Athen 1965, S. 4 f. hält es darüber hinaus für unabdingbar, daß vor der Aufführung schon im Dionysostheater Proben stattfanden.

[90] Ant. 6, 11.

manches persönliche Opfer, und in diesem besonderen Falle sah sich der Betreffende obendrein in eine Mordaffäre um einen Chorknaben verwickelt. — Für die Proben zur Tragödie scheint es in Athen zeitweise ein eigenes Übungslokal gegeben zu haben, nämlich ein Gebäude im Demos Melite. Die späten Nachrichten darüber sind jedoch sehr vage, so daß wir über das Datum dieser Einrichtung nichts Genaues aussagen können.[91]

Für den aus Laien bestehenden Bürgerchor mußten die Proben verhältnismäßig frühzeitig beginnen, zumal wenn er drei Tragödien und ein Satyrspiel zu bewältigen hatte. Die Schauspieler konnten mühelos zu einem späteren Zeitpunkt hinzutreten — ähnlich wie man heutzutage ein Oratorium mit Gastsolisten erarbeitet. Auf keinen Fall aber hätten die Dramatiker des 5. Jh.s es sich erlauben können zu verfahren, wie es eine berühmte Anekdote von Menander berichtet:[92] Als dieser angesichts der heranrückenden Dionysien nach seinem Festbeitrag gefragt wurde, habe er erwidert, die Komödie sei in seinem Kopf schon fertig, er „brauche nur noch die Verse dazuzuschreiben". Nun lassen sich Menanders Sprechstücke in der Tat von einer Truppe professioneller Schauspieler binnen kurzer Zeit memorieren und in Szene setzen, für die Dramen des 5. Jh.s jedoch mit ihren umfangreichen und diffizilen Chorpartien ist dies ein Ding der Unmöglichkeit. Selbst die Dichter der Alten Komödie, denen wegen der aktuellen Thematik ihrer Stücke sehr an einer zügigen Einstudierung gelegen war und die, wenn es die Ereignisse mit sich brachten, noch im letzten Augenblick Änderungen vornehmen mußten,[93] konnten nicht so kurzfristig disponieren.

Von der harten Probenarbeit der Choreuten, ja von dem Zwang, dem sie unterworfen waren, läßt uns Xenophon etwas ahnen, wenn er im ›Hieron‹ die Einstudierung des Chors als typisches Beispiel einer vom Archon an eine untergeordnete Instanz — nämlich den Didaskalos — delegierte Mühsal, ja geradezu als einen Dressurakt anführt und ihr die ehrenvolle Verleihung der Siegespreise entgegensetzt, die der Archon natürlich persönlich vornimmt.[94] Wenn der Chorege den Mit-

---

[91] Hesych und Photios s. v. Μελιτέων οἶκος; K. Schneider, RE Suppl. 8 (1956), Sp. 212, s. v. ὑποκριτής.

[92] Menander, Test. 11 Kö-Th.

[93] Aristophanes z. B. sah die Idee seiner ›Frösche‹, nämlich die Konfrontation des Euripides mit Aischylos in der Unterwelt, plötzlich durchkreuzt durch den Tod des Sophokles nur wenige Monate nach dem des Euripides.

[94] Xen. Hier. 9, 4.

gliedern seines Chores möglichst annehmbare Arbeitsbedingungen und vor allem gute und reichliche Verpflegung gewährte, dann waren dies geringe Vergünstigungen, die sie für wochenlange harte Arbeit erhielten.

Die Schauspieler hatten es demgegenüber leichter. Sie konnten sich zum Memorieren ihrer Rollen einen ruhigen Ort aussuchen, zu Hause oder irgendwo im Freien,[95] und sobald sie ihre Rheseis ausdrucksvoll und schön deklamieren konnten, war für sie das Wichtigste getan. Für die eigentlichen Proben zusammen mit dem Chor genügte es dann (zumindest bei der Tragödie), wenn sie kurze Zeit vor der Aufführung bereitstanden. Bezeichnenderweise lag die besondere Leistung des Regisseurs nicht etwa in der Führung der Schauspieler, sondern in der gesanglichen und tänzerischen Unterweisung des Chors.

Die Schiedsrichter

Der letzte Akt der Vorbereitungen, nämlich die Wahl und Bestellung der Schiedsrichter (Kritai),[96] reichte bis unmittelbar an die Aufführungen heran. Da die Athener an den dramatischen Agonen regen Anteil nahmen, war die Auswahl derjenigen Männer, die über die dichterischen und schauspielerischen Leistungen ihr Urteil zu fällen hatten, eine Angelegenheit von allgemeinem Interesse. Die Schiedsrichter versahen ihr Amt stellvertretend für die im Theater anwesende Bürgerschaft; das ist auch der Grund, warum Aristophanes die Zuschauer und Richter so oft in einem Atem nennt.[97] Wo er sich in Fragen der Kunst ans Publikum wendet, spricht er in erster Linie dessen individuelle Repräsentanten, eben die Richter, an.

Diese stellten kein Gremium von Sachverständigen dar, das aufgrund einer besonderen Kompetenz zur Urteilsfindung legitimiert gewesen wäre, vielmehr werden sie — wie das Gros der Zuschauer — spontan und gefühlsmäßig geurteilt haben. Selbstverständlich waren sie auch alles andere als eine homogene Gruppe: Von einer Komödie

---

[95] In der ›Samia‹ des Menander probt ein Jüngling irgendwo in der Einsamkeit eine Rede, mit der er sich vor dem Vater rechtfertigen will: dergleichen ist antiker Komödien-Topos. — Man erinnert sich an die Handwerker in Shakespeares idyllischem Renaissance-Athen des ›Sommernachtstraums‹.

[96] B. Warnecke, RE XI, 2 (1922), Sp. 1894—6, s. v. Kritai.

[97] Ar. Av. 445 f., Eccl. 1141 f.

wollten die einen unterhalten, ja amüsiert werden, andere suchten anspruchsvollere, „intellektuellere" Kost, und auf dem Gebiet der Tragödie schieden sich wohl zu allen Zeiten Traditionalisten und Neuerer. Die Dichter mußten natürlich bestrebt sein, den in sie gesetzten Erwartungen möglichst gerecht zu werden,[98] und unter diesen Umständen war es ihnen unmöglich gemacht, sich über Geschmack und Fassungsvermögen der Mehrzahl hinwegzusetzen oder sich allzu selbstherrlich zu deren Lehrmeister aufzuwerfen. Wer beim Publikum nicht ankam, wem mehrfach hintereinander ein Sieg verweigert wurde, der lief Gefahr, vom Archon keinen Chor mehr bewilligt zu bekommen. Das aber bedeutete für den Dramatiker, der Möglichkeit einer Aussage gänzlich beraubt zu werden.

Die Entscheidung über Sieg oder Niederlage lag also bei einer Jury, den „Rechnungsprüfern für die aus dem Amt scheidenden Chöre", wie Eupolis es einmal treffend mit einer Metapher aus dem politischen Alltag formuliert hat.[99] Freilich wird man kaum annehmen, daß diese Männer gegen den offenkundigen Beifall der Masse entschieden haben; ja uns liegen Zeugnisse vor, wonach die Zuschauer durch deutliche Gunstbezeugungen Druck auf die Richter ausgeübt haben.[100] Im Jahre 468, als der 28jährige Sophokles zum ersten Male an die Öffentlichkeit trat und gleich einen Sieg errang, scheinen besonders heftige Parteiungen quer durchs Publikum gegangen zu sein, so daß der Archon sich kurzerhand entschloß, anstelle der Richter das Kollegium der zehn Strategen, unter ihnen Kimon, zu berufen. Diese repräsentierten auf ideale Weise die einzelnen Phylen und besaßen zudem unanfechtbare Autorität — das wog schwerer als ein etwaiger Kunstverstand.

Der Wahlmodus für die Schiedsrichter war bewußt kompliziert; damit wollte man sich, so gut es ging, vor Bestechungen sichern. Zunächst wählten die Mitglieder des Rates aus jeder Phyle mehrere Kandidaten, und es steht zu vermuten, daß dies gesondert für die verschiedenen Agone geschah.[101] Dabei überrascht es uns zu hören, daß die Choregen bei dieser Vorwahl ein Mitspracherecht besaßen, denn natürlich konnten sie auf diese Weise ihnen genehme Leute favorisieren. Die Urnen mit den Namen der Kandidaten wurden daraufhin sorgfältig

---

[98] Ar. Eccl. 1155 ff., vgl. Arist. Pol. 8, 1342 a 18 ff.
[99] Eupolis Frg. 233 K.
[100] Plat. Leg. 2, 659 A—C.
[101] E. Reisch, RE III, 2 (1899), Sp. 2432, s. v. χορικοὶ ἀγῶνες; skeptisch B. Warnecke, RE XI, 2 (1922), Sp. 1894, s. v. Kritai.

versiegelt und auf der Akropolis verwahrt, und erst am Festtage selbst, wenn die gesamte Bürgerschaft bereits im Theater versammelt war, wurde die eigentliche Wahl getroffen. Jetzt entnahm man jeder der zehn Urnen einen Kandidaten, und die so zu Richtern Bestimmten legten öffentlich einen Eid ab, nach bestem Wissen ihren Spruch zu fällen. Sobald sie darauf ihre Ehrenplätze eingenommen hatten,[102] konnten die Aufführungen beginnen. — Dies scheint die übliche Prozedur bei all jenen Wettkämpfen gewesen zu sein, die im Laufe eines Tages entschieden wurden, also bei den Dithyramben und der Komödie. In diesen Fällen war gewährleistet, daß die Richter, wenn sie am Ende die Namen ihrer Favoriten der Reihe nach auf ein Täfelchen schrieben, ihr Urteil unbeeinflußt fällten. Auf geheime Stimmabgabe wurde übrigens nicht geachtet: Aus einer Stelle bei Lysias geht hervor, daß eine richterliche Entscheidung stadtbekannt sein konnte.[103] Die Täfelchen wurden sodann in eine Urne gegeben, und zur Ermittlung des endgültigen Urteils wurden von den abgegebenen zehn Stimmen noch einmal fünf ausgelost, während die übrigen verfielen — eine letzte Schutzmaßnahme, weil auf diese Weise niemand voraussagen konnte, wessen Stimme am Ende gewertet würde. Die Fünfzahl der Richter wurde danach geradezu sprichwörtlich in Sachen, die einem Schiedsspruch unterlagen.[104]

Wie aber verfuhr man bei den Wettkämpfen, die sich über drei Tage erstreckten, also bei der Tragödie und der Komödie in Kriegszeiten?

[102] Die Verben καθίζειν und καθῆσθαι umschreiben zuweilen die schiedsrichterliche Tätigkeit: Plat. Leg. 2, 659 A; Plut. Kim. 8, 8.

[103] Lys. 4, 3.

[104] Schol. Ar. Av. 445; Hesych und Suda s. v. ἐν πέντε κριτῶν γούνασι. — Bei fünf abgegebenen Stimmen kommt im Tragödien-Agon stets ein eindeutiges Resultat zustande, auch wenn jeder Richter eine andere Reihenfolge vorschlägt. Theoretisch sind sechs Kombinationen der drei Dichter (genannt A, B, C) möglich: A—B—C, A—C—B, B—A—C, B—C—A, C—A—B, C—B—A. Wertet man von diesen z. B. die ersten fünf, dann ergibt sich als Endresultat die Rangordnung A—B—C. Dagegen konnten sich bei fünf aufgeführten Komödien die Richterstimmen theoretisch auf alle Bewerber gleichmäßig verteilen, so daß folgendes Bild entsteht: A—B—C—D—E, B—C—D—E—A, C—D—E—A—B, D—E—A—B—C, E—A—B—C—D. In einem solchen (zugegebenermaßen konstruierten) Falle ergäbe erst eine sechste Richterstimme den Ausschlag: Ihr erstplazierter Kandidat hätte den Wettkampf gewonnen. Eine solche zusätzliche Stimme war bei zehn abgegebenen Täfelchen jederzeit verfügbar.

Nur hier stand wirklich zu befürchten, daß die Richter beeinflußt oder bestochen wurden. Möglicherweise sicherte man sich dadurch, daß die Auslosung unter den Kandidaten erst zu Beginn des dritten Wettkampftages stattfand. U. v. Wilamowitz hat den konservativen Grundzug hervorgehoben, der bei einem solchen System der Beurteilung durch Laien vorherrschen mußte.[105] Besonders augenfällig tritt dieser in der Bevorzugung des Sophokles gegenüber Euripides zutage; trotzdem hat der unbequeme, zum Widerspruch herausfordernde Euripides stets von neuem die Chance einer Aufführung erhalten, ein Umstand, der den Athenern durchaus zur Ehre gereicht.

Eklatante Fehlentscheidungen scheint es selten gegeben zu haben, freilich mangelt es uns an einschlägigen Nachrichten.[106] Merkwürdig immerhin, daß dem ›König Ödipus‹ und der ›Medea‹ der Siegespreis verweigert wurde — zwei Dramen, die wir heute zu den größten Tragödien überhaupt zählen. Es gilt freilich zu bedenken, daß jeweils eine ganze Tetralogie zur Beurteilung anstand, und da könnten nun die übrigen Stücke merklich schwächer gewesen sein und den Ausschlag gegeben haben. Auf jeden Fall aber wurden die Richtersprüche akzeptiert — selbst von einem Alexander. Der ließ im Jahre 331 in Phönizien mit großem Prunk Tragödien aufführen und favorisierte dabei den Schauspieler Thessalos; trotzdem errang nicht dieser den Siegespreis, sondern Athenodoros.[107]

Ehrungen und Weihgeschenke

Der Chorege hatte bisher immer unauffällig im Hintergrund gewirkt und dafür Sorge getragen, daß alle Vorbereitungen störungsfrei vonstatten gingen. Nun endlich, da das Fest gekommen war, konnte er öffentlich in Erscheinung treten und als Entgelt für seine beträchtlichen finanziellen Aufwendungen mancherlei Ehrungen in Empfang nehmen. Schon bei der Zeremonie des Proagon wurde ihm

---

[105] U. v. Wilamowitz, Euripides Herakles (2. Bearb. Berlin 1895, Repr. Darmstadt 1959) III, S. 2 m. Anm.

[106] Auf heftige Kritik scheint die Richterentscheidung des Jahres 415 gestoßen zu sein, als Euripides mit einer Tetralogie, zu der die ›Troerinnen‹ gehörten, dem ganz unbekannten Xenokles unterlag. Wir lesen darüber bei Aelian (Var. Hist. 2, 8) mehr als 600 Jahre später!

[107] Plut. Alex. 29, 3 ff.

ein prominenter Platz eingeräumt, jetzt aber gab ihm die große Fest-
prozession die Gelegenheit, in prunkvollem Ornat aller Augen auf sich
zu lenken. Als ein maßgeblich an der Kulthandlung Beteiligter genoß
der Chorege am Dionysosfest einen Status, der dem eines Priesters
wenig nachstand.[108]
Natürlich zielte sein Ehrgeiz darauf, dem ihm anvertrauten Chor
zum Siege zu verhelfen. Was in einem solchen Falle geschah, das wissen wir am besten von den Dithyrambenchören. Deren Choregen nahmen als die Repräsentanten der siegreichen Phyle nicht nur den dionysischen Efeukranz entgegen, sondern auch einen vom Staat als Preis
ausgesetzten Dreifuß.[109] Zugleich verpflichteten sie sich, diesen auf
eigene Kosten als Weihgeschenk aufzustellen. Dies geschah in der Nähe
des Dionysostheaters, am Osthang der Akropolis; dort verlief in Richtung auf die Agora die sog. Tripodenstraße, ein alter Verbindungsweg
zwischen den beiden Heiligtümern des Dionysos, der von Hunderten
dieser Siegesdreifüße gesäumt war.[110] Ursprünglich genügte es, wenn
der Chorege einen einfachen Sockel oder eine Basis mit entsprechender
Inschrift für seinen Dreifuß errichten ließ. Im Verlauf des 4. Jh.s jedoch
wuchsen die Bauten allmählich ins Monumentale, weil die Choregen,
wo es um den eigenen Nachruhm ging, einander an Aufwand zu
übertrumpfen suchten.[111] Ein Beispiel dieser Architektur ist uns in Gestalt des im Jahre 335/4 erbauten Lysikratesmonuments erhalten geblieben. Es handelt sich um ein auf einem viereckigen Sockelbau er-

---

[108] Dem. 21, 16 und 56.
[109] H. Riemann, RE Suppl. 8 (1956), Sp. 861—888, s. v. Tripodes. —
Dreifüße zählten zur ursprünglichen Form des griechischen Geldes, zum sog.
Gerätegeld: Regling, RE VII, 1 (1910), Sp. 972, s. v. Geld; F. M. Heichel-
heim, An Ancient Economic History I (2. Aufl. Leiden 1958), S. 212 f. u.
Anm. S. 478. — Es ist ein auffälliges Merkmal aller Dreifußdarstellungen
auf Vasenbildern (vgl. H. Froning, Dithyrambos und Vasenmalerei in
Athen, Würzburg 1971, Taf. 2 ff.), daß die Dreifüße mit drei Ringen oder
„Ohren" ausgestattet sind statt mit zweien (durch welche man eine Stange
stecken und das Gefäß vom Feuer heben könnte). Wenn dies nicht als ein
Zeichen künstlerischer Freiheit erklärt werden kann, weil so je ein Ring
einem Fuß zugeordnet wird, dann ist es ein Beweis dafür, daß der Dreifuß
nicht als Gebrauchsgegenstand, sondern als Schmuck und Wertstück aufgefaßt
wurde.
[110] J. Travlos, Bildlexikon zur Topographie des antiken Athen, Tübingen 1971, S. 566 f.; H.-J. Newiger, WS 89 (1976), S. 85.
[111] E. Reisch, RE V, 2 (1905), Sp. 1694 ff., s. v. Dreifuß; H. Riemann
(s. nächste Anm.), Sp. 318.

richtetes Rundtempelchen aus Marmor, dessen Dach von dem übermannsgroßen Dreifuß gekrönt war.[112]

Auf den im übrigen zahlreich erhaltenen Sockeln und Inschriftensteinen lesen wir zunächst den Namen der siegreichen Phyle, dann den des Choregen und des Didaskalos. Zur Angabe des Datums folgt der Name des Archon, und seit dem 4. Jh. wird schließlich auch der Aulosspieler genannt.

Der dramatische Chorege, der nicht an eine bestimmte Phyle gebunden war, sondern nur seinen Chor vertrat, erhielt keine offizielle, zur Weihung bestimmte Ehrengabe. Ihm und dem Dichter blieb es somit anheimgestellt, ob sie aus eigenem Antrieb die Erinnerung an ihren Sieg festzuhalten wünschten, der jedenfalls große Ehre und öffentliche Anteilnahme im Gefolge hatte. Die literarischen und inschriftlichen Nachrichten über Weihgeschenke dramatischer Choregen hat E. Reisch zusammengestellt.[113]

3. Die Theaterbauten

Das Dionysostheater in Athen

Nahezu alle im 5. Jh. entstandenen Dramen haben ihre erste Aufführung im Dionysostheater erlebt.[114] Lange Zeit war es das einzige Theater überhaupt, so daß man sich bei der Erklärung historischer Phänomene zunächst immer die Athener Gegebenheiten vor Augen führen muß. Nun hat gerade das Alter dieser Theateranlage sowie der Umstand, daß an der gleichen Stelle länger als ein halbes Jahrtausend hindurch kontinuierlich Aufführungen stattfanden, die von Zeit zu Zeit neue Techniken entwickelten und damit Modifikationen und Neubauten erforderlich machten, es mit sich gebracht, daß von der ursprünglichen Bausubstanz nurmehr minimale Reste erhalten sind.[115] Zum Zwecke einer ersten Anschauung und einer Analyse der einzelnen

[112] H. Riemann, RE Suppl. 8 (1956), Sp. 266—347, s. v. Lysikratesmonument, zur Rekonstruktion vgl. Sp. 288 ff.; Abb. bei Pickard-Cambridge, Festivals S. 78.

[113] E. Reisch, Griechische Weihgeschenke, Wien 1890, S. 116 ff.

[114] Nicht in Athen aufgeführt wurde die ›Andromache‹ des Euripides, vgl. S. 29 m. Anm. 58. Einen Sonderfall stellt das von Aischylos für Hierons neugegründete Stadt am Ätna geschriebene Festspiel ›Aitnaiai‹ dar.

[115] Die Rekonstruktion der einzelnen Bauphasen beschäftigt die Wissenschaft seit fast einem Jahrhundert; vieles ist auch heute noch kontrovers. Aus der großen Zahl der Publikationen seien hervorgehoben: W. Dörpfeld,

Bauelemente erweist sich darum ein Theater wie dasjenige von
T I Epidauros als geeigneter, weil es nicht nur einheitlich geplant und ausgeführt wurde, sondern auch seine ursprüngliche Gestalt weitgehend
beibehalten hat und obendrein vorzüglich erhalten ist.[116] Der Versuch
einer Nachzeichnung der einzelnen Entwicklungsphasen des griechischen
Theaters führt jedoch notwendigerweise zum Dionysostheater zurück,
und von diesem auszugehen ist auch im Hinblick auf die erhaltenen
Texte sinnvoll, weil natürlich enge Verbindungen zwischen der dramatischen Entwicklung und den technischen Möglichkeiten ihrer Realisation bestehen.

Die Keimzelle des Dionysostheaters (und damit aller griechischen
Theateranlagen überhaupt) ist der Tempel des Dionysos Eleuthereus
an dem der Stadt abgewendeten Südhang der Akropolis. In seiner
unmittelbaren Nachbarschaft innerhalb des heiligen Bezirks hat sich
der erste Theaterbau schrittweise seit dem 6. Jh. entwickelt.[117] Verhältnismäßig früh bildete sich dabei die für das griechische Theater
aller Zeiten charakteristische Grundform heraus, die einerseits — entsprechend den verschiedenen Funktionen von Chor, Schauspielern und
Zuschauern — eine Dreiteilung der Bereiche zeigt, andererseits diese
doch zu einer organisch wirkenden Einheit verbindet, wie sie dem im
Sakralen wurzelnden dramatischen Geschehen, an welchem die gesamte Bürgerschaft Anteil nahm, angemessen ist. Darsteller und Zuschauer waren durch keinen Vorhang und keinen Orchestergraben von-

E. Reisch, Das griechische Theater, Athen 1896 (Repr. Aalen 1966), S. 1
bis 96; H. Bulle, Untersuchungen an griechischen Theatern, Abhandl. Bayer.
Akad. Wiss. 33, München 1928, S. 15—80; E. Fiechter, R. Herbig, Das
Dionysos-Theater in Athen I—IV, in: Antike griechische Theaterbauten,
Bd. 5—7, 9, Stuttgart 1935—1950; H. Schleif, Die Baugeschichte des
Dionysostheaters in Athen, AA 52 (1937), S. 26—51; A. W. Pickard-
Cambridge, The Theatre of Dionysus in Athens, Oxford 1946; W. B. Dins-
moor, The Athenian Theater of the Fifth Century, in: Studies presented to
D. H. Robinson (St. Louis 1951), I, S. 309—330; J. Travlos, Bildlexikon zur
Topographie des antiken Athen, Tübingen 1971, S. 537—552 (m. Lit.);
E. Pöhlmann, MH 38 (1981), S. 129—146.

[116] Das gesamte Material ist mustergültig dargelegt in der Monographie
von A. v. Gerkan, W. Müller-Wiener, Das Theater von Epidauros, Stuttgart
1961. — Obwohl weder eine Inschrift noch ein archäologisches Fundstück eine
genaue Datierung ermöglichen, dürfte es feststehen, daß dieses Theater erst
zu Beginn des 3. Jh.s entstanden ist (v. Gerkan S. 77 ff.).

[117] Wie weit die Anfänge ins 6. Jh. zurückreichen, ist stark umstritten,
vgl. W. B. Dinsmoor, Studies Robinson I, S. 314.

einander getrennt, Spielfläche und Zuschauerraum lagen im gleichen hellen Tageslicht.

Wenn man sich vergegenwärtigt, daß die dramatischen Genera aus dem Tanz und Gesang eines Chors hervorgegangen sind, dann muß man jedenfalls in der Orchestra, dem Tanzplatz des Chores, den ältesten Bestandteil des Theaters sehen. Die Zuschauer haben zunächst wohl um die Orchestra herum und am Berghang gestanden, später auf Holzbänken gesessen; es verging einige Zeit, bis man daranging, in den Hang des Burgbergs hinein das eigentliche Theatron in Form einer Höhlung (cavea) zu graben.[118] Den Bereich der Schauspieler schließlich kennzeichnet die Skene; dieser Teil des Theaters fand am spätesten zu seiner endgültigen Form. Ursprünglich war die Skene eine am Rand der Orchestra temporär errichtete „Bretterbude", die als Umkleideraum und Requisitenkammer diente.[119] Es bedeutete einen entscheidenden Schritt in Richtung auf die weitere Entwicklung, daß Aischylos diese ins Spiel mit einbezog,[120] so daß sie nun als Spielhintergrund den Ort der Handlung charakterisierte und Auftritt und Abgang der Schauspieler auch aus der Mitte ermöglichte. Von jetzt an saßen die Zuschauer der Skene im Halbkreis gegenüber, und der schmale Raum zwischen dieser und der Orchestra wurde zur eigentlichen Spielfläche, zum „Platz der Sprecher" (Logeion). Diese „Bühne" lag zunächst zu ebener Erde, später wurde sie um einige Stufen über das Niveau des Tanzplatzes emporgehoben,[121] vielleicht damit nicht die in der Orchestra verbleibenden Choreuten den Blick auf die Schauspieler verdeckten.

T II

[118] Theatron „Schauplatz" bezeichnet zunächst den Zuschauerraum (und übertragen auch die versammelte Zuschauermenge), dann im weiteren Sinne auch die Gesamtanlage des Theaters. — C. Fensterbusch, RE V A 2 (1934), Sp. 1384, s. v. Theatron; Pickard-Cambridge, Theatre S. 13.

[119] Die Übersetzung „Zelt" ist irreführend. Diskussion der antiken Quellen bei W. Jobst, Die Höhle im griechischen Theater, Wien 1970, S. 10 ff.

[120] Für uns zum ersten Mal nachweisbar in der ›Orestie‹ des Jahres 458. Grundlegend: O. Taplin, The Stagecraft of Aeschylus, Oxford 1977.

[121] So schon U. v. Wilamowitz, Hermes 21 (1886), S. 604 f., vgl. K. Schneider, RE Suppl. 8 (1956), Sp. 213 ff., s. v. ὑποκριτής; W. Jobst, Höhle S. 20 m. Anm. 58. — Die Komödie des Aristophanes setzt solche Stufen voraus: H.-J. Newiger, Retraktationen zu Aristophanes' Frieden, RhM 108 (1965), S. 231 ff. (Repr. in: Aristophanes und die Alte Komödie, Darmstadt 1975, S. 226 ff.); K. J. Dover, Aristophanic Comedy, London 1972, S. 18 f., m. Hinweis auf Ar. Vesp. 1341 ff.; C. W. Dearden, The Stage of Aristophanes, London 1976, S. 13 ff.

Ein grundlegender Um- und Ausbau des Dionysostheaters setzte in
früher perikleischer Zeit ein. Er verlief in Etappen und zog sich über
ein halbes Jahrhundert hin. Wahrscheinlich war es der Wunsch, die
Skene in das Spielgeschehen einzubeziehen, welcher die Bautätigkeit
auslöste, und damit also letztlich die anspruchsvoller werdende Dra-
maturgie der einsetzenden Klassik.[122] Ein übriges dürfte der Schreck
über einen spektakulären Einsturz der hölzernen Zuschauertribünen bewirkt haben.[123] Weil man also im Süden des Geländes Platz für das
Skenengebäude und für eine Spielfläche vor diesem benötigte, mußte
man die Orchestra näher an den Hang der Akropolis heranrücken.
Das abschüssige Terrain wurde neu planiert und durch eine lange
Stützmauer abgesichert; rings um die ca. 12 m nach Nordosten versetzte Orchestra legte man einen Dränagegraben an, dessen Wasser
ein unterirdischer Kanal in südöstlicher Richtung abführte. Diese Ver-
schiebung hatte wiederum zur Folge, daß nun auch der Zuschauerraum
steiler ausgearbeitet werden mußte. Das geschah durch die Anlage
mehrerer Terrassen, die man wie bisher mit hölzernen Bänken versah.[124] Lediglich die vordersten Sitzreihen erfuhren eine sorgfältige Bearbeitung: Auf einer steinernen Schwelle wurden hier besondere Ehren-
sessel, die sog. Prohedrie, für den Dionysospriester und die führenden
Staatsbeamten aufgestellt.[125] Die Erdmassen der jetzt ziemlich steil ansteigenden *cavea* stützten zwei seitliche Stirnwände (Analemmata) ab,
längs derer sich die Zugänge (Parodoi) zur Orchestra und zum Zuschauerraum befanden.[126]

[122] In seinen frühen Stücken ohne Spielhintergrund verzichtete Aischylos
auf eine genaue Lokalisierung der Handlung, vgl. U. v. Wilamowitz, Hermes 21 (1886), S. 606 ff.; ders., Aischylos. Interpretationen, Berlin 1914,
S. 10; S. Melchinger, Theater der Tragödie, S. 82 ff. („Pagos-Bühne").
[123] Weder der Ort des Einsturzes noch das Datum lassen sich genau ermitteln. Einige Quellen nennen die Agora (also an den Lenäen?), doch da
dieser sich bei einem tragischen Agon ereignete (der an den Städt. Dionysien
heimisch war), spricht mehr für den Theaterbezirk. Vgl. Pickard-Cambridge,
Theatre, S. 11 ff.; A. Frickenhaus, RE IX, 1 (1914), Sp. 992—4, s. v. ἴκρια;
H.-J. Newiger, WS 89 (1976), S. 82.
[124] Noch 411 spricht Aristophanes (Thesm. 395 f.) von Holztribünen im
Theater.
[125] K. Lehmann-Hartleben in: H. Bulle, Untersuchungen an griechischen
Theatern, S. 61 ff.; M. Maaß, Die Prohedrie des Dionysostheaters in Athen,
Vestigia 15, München 1972.
[126] Zunächst also benutzten die Zuschauer die Parodos, um zu ihren
Sitzplätzen zu gelangen. Während der Aufführungen trat dann von hier

Etwa gleichzeitig mit diesen Umbauten, wohl i. J. 444, wurde das Odeion des Perikles fertiggestellt.[126a] Der säulenreiche Hallenbau stand in unmittelbarer Nachbarschaft östlich des Theaters, jedoch außerhalb des heiligen Bezirks. — Zwei weitere Baumaßnahmen, die vielleicht erst nach dem Tode des Perikles in Angriff genommen wurden, sind gleichwohl Teil der großen Konzeption einer Neugestaltung des Theaterbezirks. So wurde zum einen entlang der südlichen Stützmauer auf dem tiefergelegenen Terrain eine etwa 70 m lange, nach Süden hin geöffnete Säulenhalle errichtet, die bis an den Tempel heranreichte und diesen den Blicken der Zuschauer entzog. Mit dem Theater hatte sie nur mittelbar etwas zu tun: Ein kleiner Teil fand als Requisitenkammer Verwendung, ansonsten diente sie als Promenade und als Zufluchtsort bei plötzlichen Regengüssen. Zum anderen baute man unweit des alten Dionysostempels einen größeren neuen, in welchem ein von Alkamenes geschaffenes Gold-Elfenbein-Standbild seinen Platz erhielt.[127]

Dies ist, in groben Zügen, die Gestalt des Theaters, in welchem die Stücke der Klassiker des 5. Jh.s aufgeführt wurden. Vom temporär errichteten Holzbau der Skene haben sich winzige Spuren erhalten: In den steinernen Fundamenten, auf welchen die Säulenhalle und die Skene errichtet waren, fand man an der nördlichen Seite zehn in regelmäßigen Abständen eingelassene Vertiefungen, die offenbar der Verankerung hölzerner Pfosten, der vertikalen Balken des Skenenhauses, dienten. Eine steinerne Plattform, die hier in Richtung auf die Orchestra vorspringt, wird als Fundament für das sog. Ekkyklema und den Bühnenkran angesehen.[128] Alles weitere müssen wir den Dramentexten entnehmen. Soviel freilich ist sicher: Die roh gezimmerte „Bude" aus den Zeiten der dramatischen Anfänge entwickelte sich bald zu einem dem festlichen Anlaß entsprechend ausgeschmückten Gebäude.

---

der Chor auf, weswegen sein Einzugslied gleichfalls Parodos heißt. Solange es noch kein in das Spiel integriertes Skenengebäude gab, kamen auch die Schauspieler von hier; später waren es nur noch diejenigen Personen, die aus dem hinterscenischen Bereich auftraten. — Der Terminus Parodos ist erst im 3. Jh. belegt (K. J. Dover zu Ar. Nub. 326).

[126a] Vgl. J. Travlos, Bildlexikon (s. o. Anm. 110) S. 387—391 (m. Lit.).

[127] Einige Untersuchungen aus jüngster Zeit (vgl. H. Froning, Gnomon 45, 1973, S. 79 f.) datieren den Bau dieses Tempels weit hinunter ins 4. Jh.; dazu H.-J. Newiger, WS 89 (1976), S. 87 ff.

[128] Eine Skizze bei Bieber, History Abb. 257; vgl. H. Schleif, Baugeschichte des Dionysostheaters, S. 27 ff.; W. Jobst, Die Höhle im griechischen Theater, S. 20. — Zu den Theatermaschinen s. u. S. 66 ff.

Gegen Ende des Jahrhunderts war dieses mit drei Türen,[129] bei Bedarf auch mit Fenstern versehen, zweistöckig, mit einer oberen Plattform für Göttererscheinungen (Theologeion). Ob das Skenengebäude schon jetzt wie die späteren Steinkonstruktionen zwei an den Seiten vor-
T VII, 1 springende Flügel (Paraskenien) hatte, läßt sich zwar nicht nachweisen, doch aus spieltechnischen Gründen einigermaßen wahrscheinlich machen.[130] Auf diese Weise erhielte auch der langgezogene, wenig Tiefe aufweisende Spielplatz für die Schauspieler optisch seine Begrenzung.

Das Resultat des um die Wende vom 5. zum 4. Jh. abgeschlossenen „perikleischen" Ausbaus hatte mehr als fünfzig Jahre Bestand. Erneut setzte die Bautätigkeit dann etwa um 340 ein, brachte nun aber weniger substantielle Neuerungen als vielmehr eine Umgestaltung und Ausschmückung des bereits Bestehenden mit sich. Jetzt wurden der gesamte Sitzraum und das Skenengebäude aus Stein errichtet.

Mit diesen Veränderungen ist der Name des Redners und Politikers Lykurg verbunden, der zwischen 338 und 326 in Athen die Kontrolle über die öffentlichen Finanzen innehatte. Dank seiner geschickten Administration konnte die großzügige Umgestaltung des Dionysostheaters sowie eine Reihe weiterer baulicher Projekte fertiggestellt werden.[131] Lykurg starb 324, wenige Jahre vor dem ersten öffentlichen Auftreten Menanders; er schuf also die für die Neue Komödie gültigen Spielverhältnisse.

Die steinerne *cavea* für die Zuschauer hat sich bis in unsere Tage erhalten. Spätere Umbauten betrafen nur die vordersten Sitzreihen. Ein oberhalb des Odeions am Hang der Akropolis verlaufender alter Fußweg wurde damals als ein etwa 5 m breiter Umgang (Diazoma) in das Theater einbezogen und jenseits dieses Weges ein weiterer Rang angelegt. Vertikal erfolgte eine Unterteilung des riesigen Zuschauerraumes in keilförmige Blöcke (Kerkides) durch die Anlage von 12 schmalen Treppengängen. Moderne Berechnungen haben eine Zuschauerkapazität von insgesamt 14 000—17 000 Menschen ermittelt.[132]

---

[129] Ausführlich dazu H.-J. Newiger, RhM 108 (1965), S. 235 ff. (= Aristophanes, Darmstadt 1975, S. 231 ff.).

[130] Pickard-Cambridge, Theatre S. 43 f.; W. Jobst S. 19 f.

[131] Die den Theaterbau betreffenden Testimonia sind gesammelt bei Pickard-Cambridge, Theatre S. 137.

[132] W. Dörpfeld, E. Reisch, Das griechische Theater S. 40 ff.; Pickard-Cambridge, Theatre S. 141. Plat. Symp. 175 E spricht von 30 000, das ist Phantasie. — Zu den Größenverhältnissen Athens s. u. S. 58 m. Anm. 155.

Von den 67 Sesseln der kostbar in Marmor gearbeiteten Prohedrie sind die meisten wenigstens teilweise erhalten, einige von ihnen *in situ.*

An die Stelle des hölzernen Skenengebäudes[133] trat ebenfalls ein Steinbau. Zu beiden Seiten des mit drei Türen versehenen Mittelteiles schlossen sich breite, etwa 5 m vorspringende Flügelbauten in Gestalt offener Kolonnaden an, durch welche die von den Parodoi her auftretenden Personen hindurchschreiten konnten. Vermutlich an den Außenseiten befand sich je ein Treppenhaus, das zum Obergeschoß bzw. zum Dach hinaufführte.

Über das Ausmaß und die Datierung einzelner Umbauten bestehen immer noch erhebliche Meinungsverschiedenheiten.[134] Fest steht so viel, daß auch das Drama des 4. Jh.s die Möglichkeit einer freien Kommunikation zwischen Chor und Schauspieler voraussetzt, daß also wie in klassischer Zeit zu ebener Erde und nicht etwa auf einer hohen Bühne gespielt wurde. Mehrere Gründe sprechen für eine solche Annahme. So genoß das Satyrspiel nach wie vor große Popularität, und man müßte sich fragen, wie der im Mittelpunkt dieser Spiele stehende Chor räumlich getrennt von den Schauspielern hätte agieren sollen. Zum anderen wird bei Menander das jeweils erste Auftreten des Chors am Ende des 1. Aktes mit einer stereotypen Formel angekündigt: Einer der Akteure erblickt einen ausgelassenen Schwarm von Zechern (ein dionysisches Relikt!) und beschließt, vor diesen das Feld zu räumen; auch das läßt sich sinnvoll nur erklären, wenn Schauspieler und Chor sich auf ein und derselben Ebene bewegen. Hinzu kommt schließlich ein Fragment der ›Theophorumene‹ des Menander, das A. Lesky dahingehend interpretiert hat, daß die Titelheldin hier in einem ekstatischen Tanz in die Orchestra hinausstürmt.[135]

Die entscheidende Umgestaltung des Bühnengebäudes fand erst in hellenistischer Zeit, etwa um das Jahr 200 v. Chr., statt. Jetzt wurde zwei Meter vor die Stirnwand der Skene ein Säulenunterbau für eine

---

[133] Auf ein solches weisen noch im 4. Jh. Xen. Cyr. 6, 1, 54 und Dem. 21, 17; vgl. A. Frickenhaus, RE III A 1 (1927), Sp. 475, s. v. Skene; W. Jobst S. 15.

[134] Pickard-Cambridge, Theatre S. 149.

[135] A. Lesky, Hermes 72 (1937), S. 123—127 (= Ges. Schriften, Bern 1966, S. 139—143); dagegen T. B. L. Webster, Greek Theatre Production S. 22; skeptisch urteilen auch Gomme-Sandbach, Menander, A Commentary, Oxford 1973, S. 11 u. z. St.

erhöhte Bühne, das Proskenion, vorgeblendet.[136] Gleichzeitig wurden die seitlichen Flügelbauten verkürzt, da sie ihre Funktion, die Spielhandlung im Bereich der Orchestra optisch einzurahmen, eingebüßt hatten. Die Säulen der 3—4 m über dem Niveau der Orchestra liegenden Proskeniumsbühne entsprachen in Form und Maß denen der Paraskenien, so daß sich ein architektonisch einheitliches Bild ergab. Von jetzt an bildete das obere Stockwerk des Bühnengebäudes den Spielhintergrund. Sein schlichtes Mauerwerk wurde reduziert auf kaum mehr als einen Rahmen für drei breite Öffnungen (Thyromata), welche der Anbringung großer, das Blickfeld der Zuschauer beherrschender Bilder dienten.[137] Zwei seitliche Zugänge führten auf die Spielfläche.

Die Errichtung einer solchen erhöhten Proskeniumsbühne macht mit einem Male sichtbar, wie sehr sich das Drama im Lauf der Zeit gewandelt hat. Längst sang der Chor nur noch Zwischenakt-Einlagen, die in keinem inneren Zusammenhang mit der Handlung mehr standen,[138] während die virtuose darstellerische und gesangliche Einzelleistung in den Vordergrund trat. Das bedeutete, daß das Drama seinen rituellen Charakter allmählich verlor und immer mehr unterhaltende Züge annahm. Es erscheint konsequent, daß der Gewichtsverlagerung zugunsten des Schauspielerischen nun die gebührende szenische Hervorhebung folgte.

Damit änderte sich auch der Charakter der Darstellung ganz wesentlich. Das Geschehen in der Orchestra hatte das Publikum gleichsam in seiner Mitte und vollplastisch wahrgenommen; nun aber sah es die Handlung auf der erhöhten Bühne weit entfernt (ähnlich wie wir auf unseren Guckkasten-Bühnen), und das Gegenüber von Schauspieler und Publikum erzwang eine eher reliefartige Präsentation.[139]

---

[136] Datierungsvorschläge und Lit. bei Pickard-Cambridge, Theatre S. 181 f. In einigen Theatern, z. B. Epidauros, Oropos und Sikyon, dürfte die erhöhte Bühne schon früher angelegt worden sein (Pickard-Cambridge S. 204). Es leuchtet ein, daß man im traditionsreichen Dionysostheater länger an der herkömmlichen Aufführungspraxis und damit auch an der alten Bauform festgehalten hat.

[137] S. u. S. 64 f.

[138] Ansätze zu dieser Entwicklung sehen wir schon bei Sophokles und Euripides (M. Kaimio, The Chorus of Greek Drama, Helsinki 1970, S. 245 f.); um die Wende zum 4. Jh. beschleunigte sie sich (vgl. S. 35 f.), zumal unter dem Einfluß der sich wandelnden Musik.

[139] Vgl. S. 90 zur Behandlung der Masken; E. Simon, Das antike Theater S. 13.

Dem heutigen Betrachter zeigt sich die Ruine des Dionysostheaters weitgehend in römischem Gewand.[140] Die in neronischer Zeit einsetzenden und sich bis ins ausgehende 3. Jh. erstreckenden Umbauten betrafen vor allem das Skenengebäude und die Orchestra. Sie spiegeln deutlich die gewandelten Bedürfnisse wider: Immer seltener waren Dramenaufführungen oder musikalische Darbietungen der Anlaß, im Theater zusammenzukommen; der Tanzplatz wurde zur Arena für Gladiatorenkämpfe und Tierhetzen und schließlich gar zum Wasserbassin für freizügige Mimenballette.[140a]

Der Beginn der römischen Phase in der Geschichte des Dionysostheaters läßt sich mit Hilfe einer Weihinschrift exakt bestimmen: Im Jahre 61 n. Chr. stiftete ein romanisierter Grieche namens Claudius Novius eine vollkommen neue Bühnenhausfassade *(scaenae frons)* im römischen Stil. Lediglich Teile der alten Paraskenien blieben von der Umgestaltung verschont und wurden in den neuen Bau miteinbezogen; sie dienten wohl als Sockelverkleidung für zwei Kolossalstatuen (Tragödie und Komödie?), deren Torsen man ausgegraben hat. Diese *scaenae frons* war weit mehr als eine architektonische Anpassung an einen geänderten Zeitgeschmack: Sie ist Ausdruck der tiefgreifenden Wandlung, die das Theaterwesen damals durchmachte. Während die schlichte hellenistische Thyromatawand im Grunde nur ein Gerüst vgl. für die großflächigen Dekorationen abgegeben und ganz im Dienst der T III, 2 Dramenaufführungen gestanden hatte, war die neue über 40 m lange Front des zweistöckigen Bühnenhauses durch vorspringende giebel- vgl. gekrönte Säulenbauten *(aediculae)*, hinter denen sich die ins Innere T XIII, führenden Türen befanden, fast überreich gegliedert. Vollsäulen vor 2 der Rückwand aber schließen die Möglichkeit einer Anbringung von Bühnenbildern aus, denn diese hätten die plastische Wirkung des Hintergrunds wieder zunichte gemacht. Die szenisch neutrale, zum dekorativen Selbstzweck erhobene Architektur verdrängt also die Malerei. Daran läßt sich ablesen, daß neue Aktivitäten im Theater das Drama immer weiter in den Hintergrund drängten. Gespielt wurde auf einem mäßig erhöhten, weit vorspringenden Podest *(pulpitum)*.

Die Anlage einer solchen römischen Bühne hatte wiederum die Verkleinerung der Orchestra zur Folge; das Rund wurde in einen hufeisenförmigen Halbkreis umgewandelt. Zugleich wurde der Boden

---

[140] Bieber, History S. 213 ff. u. 303, Anm. 45; Pickard-Cambridge, Theatre S. 247—264.

[140a] Bieber, History S. 215; G. D'Ippolito, A & R 7 (1962), S. 1—14.

mit Marmorplatten ausgelegt und die Mitte der Fläche mit einer rhombusförmigen Figur aus bunten Steinen geschmückt. Ebenfalls noch aus dem 1. Jh. stammt eine marmorne Barriere rings um die Orchestra, die dazu diente, die Zuschauer bei Gladiatorenkämpfen abzuschirmen. Durch sie war die Sicht auf den Plätzen der vordersten Sitzreihe stark beeinträchtigt, so daß man neue Ehrensitze weiter oben anlegte.

Vermutlich erst im 3. Jh. entstand an der Stirnseite der Bühne eine etwa 2 m hohe reliefgeschmückte Front, das sog. Phaidros-Bema. Allen Figuren wurden später die Köpfe abgesägt, das Ganze mit einer Marmorplatte abgedeckt und mit Zement verschmiert; das geschah, als man die Orchestra für die Darstellung von Wassermimen überflutete.

Solche Verfallserscheinungen signalisieren das Ende. Das Theater wurde immer seltener benutzt, es begann zu verfallen und diente zeitweise gar als Steinbruch. Im Laufe der folgenden eineinhalb Jahrtausende geriet es völlig in Vergessenheit, bis es durch die im 19. Jh. einsetzenden Ausgrabungen und Rekonstruktionen nach und nach wieder ans Licht trat. Freilich, seiner ursprünglichen Bestimmung konnte das Dionysostheater (anders als z. B. das Theater von Epidauros) nicht wieder zugeführt werden; die dafür notwendigen Rekonstruktionsarbeiten hätten tief in die historische Substanz eingegriffen und vieles zerstört. Heute finden in Athen die Aufführungen antiker Dramen im Odeion des Herodes Atticus statt, einem Theaterbau des 2. Jh.s n. Chr. in unmittelbarer Nähe.

Die übrigen Theater

Die außerathenischen Theaterbauten auch nur summarisch zu beschreiben würde den Rahmen dieser Darstellung sprengen. Eine Übersichtskarte über die Verbreitung griechischer Theater findet man bei M. F. Gerhäuser, die Grabungsbefunde und Pläne der wichtigsten Theaterruinen sind am leichtesten zugänglich bei M. Bieber und A. W. Pickard-Cambridge.[141] Mittlerweile haben die meisten grö-

---

[141] M. F. Gerhäuser (s. u. Anm. 150) Anhang; M. Bieber, History Kap. V u. IX; Pickard-Cambridge, Theatre S. 198 ff. — Bahnbrechend W. Dörpfeld, Das griechische Theater, Athen 1896, S. 97—157; dazu: A. v. Gerkan, Das Theater von Priene als Einzelanlage und in seiner Bedeutung für das hellenistische Bühnenwesen, München 1921, S. 89—108; H. Bulle, Untersuchungen an griechischen Theatern, München 1928; P. E. Arias, Il teatro greco fuori di Atene, Firenze 1934.

ßeren Theateranlagen auch eine monographische Behandlung erfahren.[142]

Eine eindrucksvolle Anzahl von Neubauten entstand in hellenisti- T III
scher und in römischer Zeit. Neben ihrem eigentlichen Zweck, szenische
Agone zu ermöglichen, entwickelten sie sich zu einem zentralen Schauplatz des politischen Lebens in der Stadt und damit zu einer unver-
zichtbaren kommunalen Einrichtung.[143] Schon bald konnte man sich
eine Stadt ohne Theater gar nicht mehr vorstellen, wie uns anachro-
nistische Erzählungen über Theaterbauten im Iran zur Zeit des Alexan-
derzugs lehren.[144] Tatsächlich war es Alexander, der die Begeisterung
für das Theater weit über den griechischen Raum hinaustrug, so daß
noch zu seinen Lebzeiten sogar Babylon ein Theater errichtete.[145]

Sichtverhältnisse und Akustik

Die griechischen Theater waren eingebettet in die Landschaft. Vom
ansteigenden Rund der Zuschauerränge aus konnte man im Dionysostheater weit ins Freie schauen, während die Stadt im Rücken jenseits
des Burgberges lag. Das Skenengebäude war — wenigstens in klassischer Zeit — niedrig genug, um den Blick nicht zu verstellen.

[142] Neben A. v. Gerkans Werk über Priene (s. o.) ist vor allem E. Fiech-
ters Monographienreihe ›Antike griechische Theaterbauten‹, Stuttgart 1930 ff.
zu nennen: I: Oropos, II: Oiniadai und Neupleuron, III: Sikyon, IV: Megalopolis, VIII: Eretria, IX: Piräus und Thera; weiter: H. Bulle, Das Theater
zu Sparta, Sitzungsber. Bayer. Akad. Wiss. 1935, 7; G. Caputo, Il teatro di
Sabratha e l'architettura teatrale africana, Roma 1959; A. v. Gerkan,
W. Müller-Wiener, Das Theater von Epidauros, Stuttgart 1961 (rec. C. Fensterbusch, GGA 215, 1963, S. 67—69); F. Krauss, E. Altenhöfer, Das Theater
von Milet, Berlin 1973; D. de Bernardi-Ferrero, Teatri classici in Asia Minore
I—IV, Rom 1966—1974; zum Theater von Syrakus vgl. S. 109, Anm. 9.
[143] Athen. 5, 213 d wird die Tatsache, daß im Theater keine Volks-
versammlungen mehr stattfinden, als ein Zeichen von Anarchie gewertet. —
Vielleicht diente das Theater in Megalopolis (Peloponnes) sogar ursprünglich als Versammlungsraum für den Arkadischen Bund (H. Bulle, Untersuchungen S. 97 f.; A. v. Gerkan, Das Theater von Epidauros S. 3 f.; weitere
Lit.: Bieber, History S. 284, Anm. 9); in diesem Falle fände die Sonderform
einer hölzernen *scaena ductilis,* die man in eine Skenothek beiseite schieben
konnte, eine einfache Erklärung.
[144] W. W. Tarn, Alexander der Große, dt. Ausg. Darmstadt 1968, S. 632.
[145] A. Mallwitz, Das Theater von Babylon, in: Das Babylon der Spätzeit,
Ausgrabungen der dt. Orientges. 8, Berlin 1957.

Die Dramatiker machten sich die natürlichen Gegebenheiten bisweilen zunutze, indem sie die Landschaft in ihre Stücke einbezogen. So brauchte Sophokles zu Beginn seines ›Ödipus auf Kolonos‹ den Zauber des den Eumeniden heiligen Haines nicht mit bloßen Worten zu beschwören. Ihm kam dabei zu Hilfe, daß das Publikum einen solchen baumbestandenen heiligen Bezirk unmittelbar vor Augen hatte.[146] Aristophanes andererseits läßt in den ›Rittern‹ den Wursthändler auf eine Bank steigen und — gegen den Horizont gewendet, wo man in der Ferne das Meer blinken sah — mit dem einen Auge nach Karien und mit dem anderen nach Karthago spähen.[147]

Aufgrund dieser Einbeziehung der realen Landschaft in das Theater bildete sich in der Komödie seit dem 4. Jh. sogar eine (soweit wir das beurteilen können: verbindliche) Konvention heraus. Da der Schauplatz fast aller Stücke eine Straße in Athen war, deren Häuser von den Eingängen in das Skenengebäude markiert waren, begannen die Dichter sich an dem zu orientieren, was die Zuschauer tatsächlich vor Augen hatten. Für diese lag der Piräus zur Rechten, desgleichen (wenn auch nicht ganz so eindeutig) die Agora; also trat ein Schauspieler, sofern er vom Markt oder vom Hafen kam, von der rechten Parodos her auf, traf er dagegen vom Land ein, so kam er von links.[148]

Von noch größerer Bedeutung für die Spielmöglichkeiten in einem offenen Theater sind die wechselnden Lichtverhältnisse. Ob im Bereich von Skene und Orchestra Sonneneinstrahlung oder Schatten herrschte, hing von einer Reihe verschiedenartiger Faktoren ab: von der richtungsmäßigen Orientierung des Theaters und der Steilheit des Hanges, an welchem es liegt, von der Jahres- und Tageszeit, zu der gespielt wurde, schließlich auch von der Höhe des Bühnenhauses, denn ein mehrstöckiges Skenengebäude wirft natürlich längere Schatten als eine niedrige „Bude".

Das Dionysostheater ist nach SSO orientiert, d. h. in diese Richtung weist die Mittelachse seines Zuschauerraums.[149] Welche Lichtverhältnisse

---

[146] S. Melchinger, Theater der Tragödie S. 6 f.

[147] Ar. Eq. 169 ff. Nicht genug mit der phantastischen Übertreibung — der Wursthändler muß obendrein, während er nach Süden blickt, mit dem *rechten* Auge das im Osten liegende Karien anvisieren und mit dem linken Karthago; mit anderen Worten: er muß über Kreuz schielen!

[148] Diskussion und Literatur zu diesem Problem bei Pickard-Cambridge, Theatre S. 234 ff.

[149] Die wenigsten Theateranlagen entsprechen der Forderung Vitruvs (5, 3, 2), daß die *cavea* möglichst nach Norden hin orientiert sein soll. Aus-

hier an den Städtischen Dionysien und an den Lenäen herrschten, wie hoch die Sonne jeweils am Morgen, am Mittag und am späten Nachmittag stand, hat M. F. Gerhäuser an einem interessanten Modellversuch demonstriert.[150] Wenn an den Städtischen Dionysien im März/April pro Tag eine tragische Tetralogie und in Kriegszeiten zusätzlich eine Komödie aufgeführt wurde, mußte man notgedrungen am frühen Morgen beginnen.[151] Zu dieser Zeit wirft die Skene noch einen Schatten, der weit in die Orchestra hineinreicht, so daß Schauspieler und Choreuten im Dunkeln oder im Gegenlicht stehen. Im Lauf des Tages werden die Sichtverhältnisse allmählich günstiger, doch fällt nachmittags bereits wieder ein Schlagschatten vom oberen Rand des Zuschauerraums auf die Orchestra.[152]

Zu den Ergebnissen dieser Versuche muß man freilich einschränkend bemerken, daß Hell-Dunkel-Kontraste im Modell wesentlich schärfer ausgeprägt erscheinen als in der Realität. Die schon in der Antike sprichwörtliche Klarheit der attischen Atmosphäre bewirkt, daß selbst über große Entfernungen hin ein im Schatten befindlicher Gegenstand deutlich zu erkennen ist; die leuchtende Luft hellte die Bühnenschatten auf und ließ sie weniger hart erscheinen.

Den Dichtern als den Regisseuren ihrer eigenen Stücke blieb die Problematik der wechselnden Sonneneinstrahlung gewiß nicht verborgen. Wenn wir in einigen Texten Hinweise auf die Tageszeit finden, so dürfen wir aus ihnen auf die Tageszeit der Aufführung selbst schließen.[153]

Zu den Sichtverhältnissen im allgemeinen (unabhängig vom Einfluß durch den „Scheinwerfer Sonne") ist folgendes zu bemerken: Die Dimensionen des Dionysostheaters hatten schon im 5. Jh. ein hinsichtlich günstiger Bedingungen vertretbares Maß bei weitem überschritten. Die oberste Sitzreihe war von der Prohedrie annähernd 80 m und diese von den Spielern weitere 12 m entfernt,[154] so daß auch der

schlaggebend waren die jeweiligen geographischen Bedingungen: A. v. Gerkan, W. Müller-Wiener, Das Theater von Epidàuros S. 5 m. Abb.; eine Übersicht bei M. F. Gerhäuser, Anhang: Karte u. Taf. 1.

[150] M. F. Gerhäuser, Untersuchungen über die Spielmöglichkeiten in griechischen Theatern, Darmstadt 1964.

[151] S. o. S. 24.

[152] Gerhäuser S. 29 f. m. Abb. 1.

[153] S. Melchinger, Theater der Tragödie S. 132 f.

[154] Vergleichendes Zahlenmaterial aus modernen Theatern bringt B. Hunningher, Acoustics und acting in the theatre of Dionysus Eleuthereus, Amsterdam 1956, S. 2 f.

Scharfäugigste Einzelheiten nicht mehr erkennen konnte. In der Groß-
stadt Athen[155] war die Errichtung eines solch riesigen Baues unvermeidlich. Die Mehrheit der freien Bürger und Metöken bezeugte lebhaftes
Interesse für die dramatischen Agone; Knaben hatten Zutritt, auch
wohl Frauen,[156] ja selbst Sklaven waren zugelassen, wenn sie als Begleitpersonal erschienen.[157] Damit auch den Ärmsten das Theater zugänglich sei, soll schon Perikles einen Fonds geschaffen haben, aus dem
Tagegelder (das sog. Theorikon von zwei Obolen) ausgezahlt wurden.
Doch nicht genug damit — wir wiesen bereits darauf hin, daß gerade
zur Zeit der Dionysien zahlreiche Festgesandtschaften aus den anderen
griechischen Städten nach Athen kamen,[158] so daß zu den Einheimisчhen
die Fremden noch hinzugerechnet werden mußten.

Der Staat sah sich verpflichtet, Platz möglichst für alle Interessierten
bereitzustellen, und sei dies um den Preis, daß ein Teil der Zuschauer
mit weniger guten Sichtbedingungen vorlieb nehmen mußte. Da die
Aufführungen einmalige, nicht wiederholbare Ereignisse waren, galt
es — ähnlich wie in modernen Sportarenen —, an wenigen Tagen
jeweils große Menschenmassen unterzubringen. Es kann niemanden
verwundern, daß es dabei auch zu Streit um die günstigen Sitzplätze
gekommen ist.

Welche akustischen Verhältnisse die Klassiker im hölzernen Bau
des Dionysostheaters vorfanden, entzieht sich unserer Kenntnis; keine
diesbezügliche Notiz aus der Antike ist uns erhalten. Die Akustik der
späteren Steintheater hingegen konnte unter Einsatz moderner Techno-
logie genau gemessen und nachgeprüft werden,[159] mit einem Ergebnis,
das den antiken Baumeistern zur höchsten Ehre gereicht. Besucher zumal des Theaters von Epidauros rühmen dessen vorzügliche Akustik
und bestätigen, daß jedes im Bereich der Skene in normaler Lautstärke
geäußerte Wort bis hinauf in die obersten Ränge vernommen werden
kann. Günstige Witterungsbedingungen sind freilich stets vorausgesetzt.

---

[155] Nach den Berechnungen von A. W. Gomme, The Population of
Athens in the Fifth and Fourth Centuries BC, Oxford 1933, hatte die Zahl
der Bürger bei Ausbruch des Peloponnesischen Krieges ihren Höchststand von
170 000 erreicht, dazu kamen knapp 30 000 Metöken und 115 000 Sklaven.
Vgl. B. Hunningher S. 6 f.; H. C. Baldry, The Greek Tragic Theatre, London 1971, S. 14—18.

[156] Sie fielen aber nicht ins Gewicht. Die stereotype Bitte um Beifall am
Ende von Menanderkomödien bezieht die Frauen nicht mit ein.

[157] Plat. Gorg. 502 D; Theophr. Char. 9, 5. — Das blieb wohl auf wenige
Fälle beschränkt.   [158] Vgl. S. 17 f.

[159] F. Canac, L'acoustique des théâtres antiques, Paris 1967.

Was nun das Dionysostheater des 5. Jh.s betrifft, so dürfen wir wohl einen Schluß *ex silentio* ziehen: Da weder Aristophanes noch sonst ein Komödiendichter etwas darüber verlauten läßt, daß man einen Chor oder einen Schauspieler akustisch nicht habe verstehen können, bestand offenbar kein Anlaß zu Klage oder Spott. Das ist angesichts der gewaltigen Ausmaße dieses Theaterbaus immerhin ein erstaunliches Phänomen.

Beim Versuch einer Erklärung konstatiert man ein Zusammentreffen verschiedener Faktoren, die einander auf das glücklichste ergänzen. Das meiste bewirkte sicherlich die architektonische Anlage selbst. Schon die muschelförmige Höhlung des Zuschauerraums konzentrierte den Schall, und die Hanglage begünstigte eine gleichbleibend gute Akustik. Zu beachten ist dabei, daß jede Sitzreihe so weit über der vorigen liegt, daß die Schallwellen unbeeinträchtigt durch die jeweils tiefer Sitzenden auftreffen können. Moderne Messungen haben ergeben, daß der Schall sich in diesem Bereich nicht linear fortpflanzt, sondern sich — bedingt durch einen aufsteigenden Warmluftstrom über der Zuschauermenge — der Krümmung der *cavea* anpaßt.[160] Die Errichtung des rückwärtigen Skenengebäudes stellte dann den entscheidenden Schritt in der weiteren Entwicklung dar, denn es reflektierte einen Teil der Schallwellen und lenkte sie verstärkt in das Auditorium.[161] Wann die Skene zum ersten Mal ihre vorspringenden Seitenflügel (Paraskenien) erhielt, wissen wir nicht, aber wir dürfen vermuten, daß auch diese Neuerung unter anderem eine Verbesserung der Akustik zum Ziele hatte.[162] Selbst die Orchestra versah die Funktion eines Schallverstärkers,[163] weshalb man sie sorgfältig glättete und später sogar mit Marmorplatten auslegte.

Soviel zur Bedeutung der Architektur für die Akustik. Im übrigen wurden die Choreuten und erst recht die Schauspieler einem rigorosen Sprachtraining unterworfen, wobei das erstrebte Ziel eine weittragende,

---

[160] Canac S. 22.

[161] B. Hunningher (Acoustics and acting S. 12 f.) zieht sehr weitreichende Schlüsse: "It seems that the original purpose of the skene was not to indicate or suggest the place of action, but above all to be a medium for better acoustics" (S. 12), und: "In the Dionysian theatre from the Thespian period on there must have been a wall and preferably a wooden wall that measured at least as high as the actors" (S. 13).

[162] W. Dörpfeld, E. Reisch, Das griechische Theater S. 202, 299.

[163] Vgl. Arist. Probl. XI, 22, 901 b 30 ff.; Plin. NH XI, 270. — Dazu P. Thielscher (s. nächste Anm.) S. 347 f.

wohltönende Stimme war. Die Hypothese, daß auch die Masken der Stimmverstärkung dienten, basiert auf der falschen Herleitung des lateinischen Wortes *persona* „Maske" von *personare* „hindurchtönen"; sie sollte keine Verfechter mehr finden.

In diesem Zusammenhang müssen auch die Widerstände genannt werden, welche die Darsteller zu überwinden hatten. Einerseits schluckte das vollbesetzte Theater viel Schall, wobei es für die Resonanz schwerlich einen Unterschied machte, ob die Zuschauer auf Holzbänken oder auf Marmorstufen saßen. Andererseits mußten die in einem Freilufttheater unvermeidlichen Nebengeräusche und vor allem die Unruhe überspielt werden, welche eine nach Tausenden zählende Menschenmenge verursacht.

Eine merkwürdige Erfindung, mit der angeblich die Tonqualität verbessert werden sollte, beschreibt Vitruv: die sog. Schallgefäße.[164] In besonderen Schallkammern auf halber Höhe des Zuschauerraums habe man einen Satz von klanglich genau aufeinander abgestimmten Bronzegefäßen als Resonatoren aufgestellt, um die Stimmqualität zumal bei Gesangsdarbietungen zu verbessern. Da sich jedoch keine Spur einer derartigen Vorrichtung, weder im Dionysostheater noch sonst irgendwo, nachweisen läßt,[165] basiert das Ganze wahrscheinlich auf theoretischer (von Aristoxenos übernommener?) Spekulation.

Der Spielhintergrund. Skenographie

Annähernd zwei Drittel der erhaltenen Tragödien spielen vor einem Palast oder einem Tempel, andere im Kriegslager oder irgendwo in der Einsamkeit,[166] als Hintergrund aber stand jedesmal nur die einfache Holzkonstruktion des Skenengebäudes zur Verfügung. Für unser Ver-

---

[164] Vitr. V, 5, 1—8. ← A. Müller, Lehrbuch der griechischen Bühnenalterthümer, Freiburg 1886, S. 42—46; P. Thielscher, Die Schallgefäße des antiken Theaters, in: Festschrift F. Dornseiff, Leipzig 1953, S. 334—371, bes. 346 ff.; A. Lesky, Maia 15 (1963), S. 42—44 (interessante Parallele zur Bühne des japanischen Nô-Theaters); J. G. Landels, G & R 14 (1967), S. 80—94.

[165] Vitruv behauptet, L. Mummius habe die Schallgefäße des Theaters von Korinth nach Rom gebracht.

[166] Einige Beispiele. Palast: ›Agamemnon‹, ›König Ödipus‹, ›Antigone‹, ›Bakchen‹; Tempel: ›Eumeniden‹, ›Ion‹, ›Iphigenie bei den Taurern‹; Kriegslager: ›Aias‹, ›Iphigenie in Aulis‹; einsame Gegend: ›Prometheus‹, ›Philoktet‹.

ständnis des antiken Theaters ist es von großer Bedeutung zu wissen, ob — und gegebenenfalls seit wann — die Dichter mittels einer gemalten Szenerie oder sonstiger Versatzstücke den Charakter des jeweiligen Schauplatzes andeuteten.

Aristoteles überliefert in der ›Poetik‹, Sophokles habe sich als erster des Hilfsmittels einer Skenographie bedient, also einer Ausgestaltung der Skene mit Mitteln der Malerei. Vitruv schreibt diese Neuerung schon dem Aischylos zu.[167] Das bezieht sich entweder auf eine postume Wiederaufführung, oder aber es hat Aischylos, von dem wir wissen, daß er den technischen Möglichkeiten der Bühne größtes Interesse entgegenbrachte, in seinen letzten Lebensjahren eine Erfindung seines jungen Konkurrenten aufgegriffen und zu besonderer Meisterschaft entwickelt. Er engagierte zu diesem Zweck etwa i. J. 460 den Maler Agatharchos von Samos, der als der eigentliche Erfinder der Skenographie gilt.[168] Agatharch entdeckte und nutzte die Wirkung einer perspektivischen Malerei und beschrieb sein Verfahren, das ungeheuren Eindruck gemacht hat, in einer eigenen Abhandlung.[169]

Wie haben wir uns diese Skenographie konkret vorzustellen? Übersetzt man das Wort mit „Bühnenbilder", so weckt man falsche Assoziationen, denn nirgendwo verlautet, daß gemalte Kulissen vor dem Bühnenhaus aufgestellt oder dessen Wände mit Tafelbildern oder Vorhängen drapiert wurden.[170] Mehr oder weniger naturgetreue Bühnenbilder, wie wir sie heute gewohnt sind, dürfen aus verschiedenen Gründen nicht vorausgesetzt werden: (1) Wann immer Aristo-

[167] Arist. Poet. 4, 1449 a 18; Vitruv VII, praef. 11, ähnlich Vita Aesch. 14.
[168] E. Pfuhl, Malerei und Zeichnung der Griechen II, München 1923, S. 674, 872 (Lit.); H. Bulle, Untersuchungen an griechischen Theatern, München 1928, S. 215—219; E. Pernice, W. H. Groß in: Handbuch der Archäologie I, München 1969, S. 426 f.; S. Melchinger, Theater der Tragödie, München 1974, S. 162 ff.
[169] Als Demokrit die Grundzüge einer Farbenlehre und eine theoretisch-wissenschaftliche Begründung der Perspektivlehre entwarf, benutzte er diese Schrift ebenso wie Anaxagoras, der sich für die mathematischen Aspekte des Phänomens interessierte, vgl. J. Six, JHS 40 (1920), S. 180—189.
[170] Es fehlt indessen nicht an Gegenstimmen: T. B. L. Webster, Greek Theatre Production S. 13 ff.; H. Kenner, Das Theater und der Realismus in der griechischen Kunst, Wien 1954, S. 155 ff., bes. 161 f. (ablehnend dazu A. v. Gerkan, GGA 210, 1956, S. 165); dies., Griechische Theaterlandschaften, JÖAI 47 (1964/5) S. 35—70; W. Jobst, Die Höhle im griech. Theater, Wien 1970, S. 108 u. 143.

teles vom visuellen Aspekt der Tragödie (ihrer Opsis) spricht, bezieht er sich auf das Aussehen von Schauspieler und Chor und nicht auf die Bühnenausstattung im weiteren Sinne. (2) Die Komödie legt einen Schluß *ex silentio* nahe, denn an keiner Stelle wird die Ausführung eines Bühnenbildes verspottet oder eine Eigentümlichkeit glossiert. Auch die antiken Kommentatoren und Scholiasten schweigen zu diesem Thema.[171] (3) Es scheint a priori unglaubwürdig, daß es im Theater gemalte Szenerien gegeben haben sollte zu einer Zeit, da das niedrige Szenengebäude den Blick auf die freie Landschaft noch nicht verstellte.[172]

Skenographie kann demnach nur „Bemalung der Bühnenwand" heißen. Es handelt sich dabei um schnell hingeworfene[173] Linienzeichnungen, welche auf der ebenen, schmucklosen Skenenfassade in räumlicher Manier Gebäude darstellten, kurz: um gliedernde Architekturmalerei. Uns fehlt jeder Hinweis, daß es spezifische Darstellungen bestimmter Schauplätze gegeben habe; demnach blieb die Bemalung offenbar für eine ganze Tetralogie die gleiche. Eine dem jeweiligen Inhalt angepaßte auswechselbare Kulisse hätte große technische Schwierigkeiten verursacht, da bei der Aufeinanderfolge von 4 oder 5 Stücken an einem Tage zeitraubende Umbaupausen unvermeidlich gewesen wären. In der Tetralogie, die Euripides an den Dionysien des Jahres 431 aufführte (›Medea‹ — ›Philoktet‹ — ›Diktys‹ — ›Theristai‹), wechselte der Schauplatz wie folgt: Das Haus des Jason in Korinth — einsame Gegend (Höhle) auf Lemnos — ein Palast auf Seriphos — eine ländliche Gegend. Nicht einmal innerhalb eines Dramas wurde die sog. Einheit des Ortes strikt eingehalten, wie das Beispiel der ›Eumeniden‹ des Aischylos (Apollontempel in Delphi; Areopag in Athen) oder des

---

[171] Die von H. Kenner, Theater und Realismus S. 185 Anm. 445 herangezogene (von W. Kraus, Gnomon 26, 1954, S. 522 verbesserte) Notiz eines Anonymus de comoedia, in welchem G. Kaibel den Byzantiner Tzetzes erkannte (CGF 22, Z. 94 ff.), mischt Frühes mit Spätem und kann jedenfalls nicht als Zeugnis für den Darstellungsstil des 5. Jh.s herangezogen werden. „Haec ad comoediam novam attinent" urteilt R. Cantarella, Aristofane, Le Commedie I, S. 44 im krit. App.

[172] S. o. S. 55. Vgl. S. Melchinger, Theater der Tragödie S. 17.

[173] Viele Details bleiben unklar. Wurde die Skene jeweils über Nacht für die Tetralogie des nächsten Konkurrenten „umdekoriert"? Eine bei Plutarch (Vita Pericl. 13, 3) überlieferte Anekdote konfrontiert den schnell schaffenden Agatharch mit dem bedächtigen Zeuxis; das kennzeichnet gut die ephemere Kunst des Bühnenmalers.

sophokleischen ›Aias‹ (Griechenlager vor Troja; einsame Meeresküste) bezeugen.[174]

Wir wissen wenig über das antike Publikum — was es dachte und wie es reagierte — und müssen uns vor allzu zuversichtlich klingenden Behauptungen hüten. Aber daß es im ganzen gesehen in weit höherem Maße als wir Heutigen bereit und in der Lage war, seine Vorstellungskraft einzusetzen, daran wird man nicht zweifeln, wenn man an die Darstellung von Nachtszenen im sonnenbeschienenen Theater denkt[175] oder an die phantastischen Schauplätze der Alten Komödie. Angaben im Text selbst (sog. Wortregie) erleichterten das Verständnis ebenso wie feste dramatische Konventionen. Für die Dichter aber darf generell geltend gemacht werden, daß sie größeres Vertrauen auf die Wirkung der Kostüme und der Masken setzten als auf die szenische Ausstattung.

So möchten wir dafür plädieren, daß alle Stücke der Klassiker unabhängig von ihrem Schauplatz vor der gleichen, durch perspektivische Malerei ausgeschmückten hölzernen Fassade gespielt wurden.[176] Den Darstellern blieb dabei größte Freiheit in der Ausnutzung der ihnen zur Verfügung stehenden Spielfläche. Zur Parodos des euripideischen ›Ion‹ bemerkt S. Melchinger folgendes[177]:

Jeder zweite Zuschauer kannte den berühmten Tempel, vor dem das Stück spielt und dessen Bildschmuck der Mädchenchor entzückt beschreibt. Es mußte möglich sein, die Säulenfront so auf die Bühne zu stellen, daß das Publikum sie sofort erkannte und die Kunst bewunderte, mit der sie hergestellt war. Keinem sollte vorgetäuscht werden, daß es der wirkliche Tempel wäre, und keiner nahm daher Anstoß daran, daß er nur ein Segment sah, das Frontispiz, das plastisch nachgebaut war, mit Säulen für Ions erste

---

[174] Die fünf Teile (μέρη) der aischyleischen ›Aitnaiai‹ spielen jeder an einem anderen Ort. Der Wechsel des Schauplatzes konnte gewiß nur durch das Wort verdeutlicht werden, vgl. T. B. L. Webster, Greek Theatre Production S. 15 f.

[175] P. Arnott, Greek Scenic Conventions, Oxford 1962, S. 120 f. weist im Zusammenhang mit der Verwendung von Lampen in Nachtstücken auf einen Trend zu größerer Illusion hin.

[176] Eine solche gemalte Skenographie scheint das berühmte Würzburger Fragment eines Kelchkraters aus Tarent (ca. 350 v. Chr., Abb. bei Pickard-Cambridge, Theatre S. 170 ff.) wiederzugeben, so E. Simon, B. Otto, AA 88 (1973), S. 121—131; dagegen hatte H. Bulle, 94. Winckelmannsprogramm Berlin 1934, an eine realistische Holzkonstruktion auf einer unteritalischen Bühne gedacht.

[177] S. Melchinger, Theater der Tragödie S. 164.

Szene, mit dem Mitteltor, aus dem die Pythia auftritt, mit dem Stufen-
postament.

Dem ist durchaus zu widersprechen. Wie wenig der Dichter auch in
dieser Szene an irgendein realistisches Substrat gedacht hat, zeigt der
Umstand, daß der Chor, obwohl der Schauplatz des Geschehens der
Pronaos mit dem Altar auf der Ostseite des delphischen Tempels ist,
trotzdem auch Skulpturenschmuck des Westgiebels beschreibt,[178] den er
gar nicht vor Augen haben konnte. Die Szene war also ebensosehr
von der nachempfindenden Phantasie der Zuschauer abhängig wie der
Schluß der ›Troerinnen‹, wo das eroberte Troja in Flammen aufgeht,[179]
oder der ›Wolken‹, wo die Denkerbude des Sokrates angezündet wird.

Die Anfänge einer wirklichen Bühnenmalerei liegen für uns im
Dunkeln. Sicher nachweisbar ist eine solche erst in hellenistischer Zeit,
und zwar verbunden mit der Verlegung der Spielfläche auf die erhöhte Proskeniumsbühne. Danach wurden zwischen den Säulen, welche
T III, 2 das Logeion trugen, gemalte Holztafeln (Pinakes) angebracht; die
Grabungsbefunde zeigen, daß man das technische Problem ihrer Verankerung in den einzelnen Theatern auf verschiedenartige Weise ge-
löst hatte.[180] Diese Bilder konnte man zwar mühelos auswechseln —
eine notwendige Voraussetzung für jede Bühnendekoration —, doch
weil sie sich auf dem Niveau der Orchestra befanden, während der
Ort der Spielhandlung ein Stockwerk höher lag, brauchten sie wiederum nicht unmittelbar Bezug auf das jeweilige Stück zu nehmen, sondern es genügte wohl, wenn sie dessen Schauplatz generell kennzeich-
neten.

Auch die Front der Skene selbst, also der Hintergrund der erhöhten Spielfläche, wurde mit Bildern ausgeschmückt. In die Fassade
waren drei bis fünf annähernd 4 m breite Öffnungen (Thyromata) ge-
brochen, die zu den Aufführungen mittels aufwendig gemalter Pro-
spekte geschlossen wurden.[181] Da das Bühnenhaus in das Spiel mitein-

---

[178] Dort war die Gigantomachie dargestellt: G. Gruben, Die Tempel der
Griechen, München 1966, S. 73; G. Müller, Hermes 103 (1975), S. 28.

[179] Anders H. Kenner, Theater und Realismus S. 142 u. Griechische Theaterlandschaften S. 61.

[180] Pickard-Cambridge, Theatre S. 217 f. (m. Abb.).

[181] Bieber, History S. 124 vertritt demgegenüber die Meinung, die Thyromata-Öffnungen seien zur Darstellung von Innenszenen benutzt worden.
Ein als Beweis angeführtes Mosaik des Dioskurides hilft jedoch nicht weiter.
Die dargestellte Szene (drei Frauen am Frühstückstisch) konnte zwar vor
kurzem endgültig mit dem Beginn der ›Synaristosai‹ des Menander (= Plautus ›Cistellaria‹) identifiziert werden, eines Stückes also, das vor Errichtung

bezogen war — spätestens seit dem ausgehenden 5. Jh. waren drei Eingänge obligatorisch —, müssen die großen, fest in den Thyromata-Öffnungen verankerten Bildtafeln unbedingt benutzbare Türen enthalten haben, welche die notwendigen Auftritte und Abgänge ermöglichten.[182] Alle modernen Rekonstruktionsversuche zeigen, daß diese großen Bilder das Blickfeld der Zuschauer durchaus beherrschten und, anders als die Pinakes im Untergeschoß, von der eigentlichen Architektur nur noch wenig frei ließen.

Inschriftlich erhaltene Baurechnungen aus Delos vermitteln einen Eindruck vom äußeren Umfang dieser Malereien sowie den dafür aufgewendeten Geldern.[183] Wir erfahren, daß man sie von Zeit zu Zeit ausbessern ließ, und müssen daraus schließen, daß sie immer wieder benutzt wurden; auch sie waren demnach keine realistischen, jeweils für ein bestimmtes Stück konzipierten Illustrationen. Nach Beendigung der Aufführungen wurden sie abgenommen und in einem Kulissenmagazin verwahrt.

Vitruv hat uns eine Beschreibung solcher Bühnenmalerei gegeben.[184] Die Bilder enthielten, je nach dem Genus der aufgeführten Dramen, eine Anzahl typischer Elemente: Palast- und Tempelfassaden, Säulen und Statuen waren die ständigen Attribute der heroischen Tragödienszenerie; städtische Häuserfronten mit Fenstern und Balkons deuteten auf die bürgerliche Komödie; Wasserläufe und Baumgruppen sowie Berge und Meer ergaben den idyllischen Rahmen für das Satyrspiel. Mit Vitruvs Beschreibungen stimmen einige römische Wandmalereien aus der 2. Hälfte des 1. Jh.s überein, die man in Boscoreale gefunden hat. Es besteht danach kaum ein Zweifel, daß es sich bei ihnen um die Wiedergabe hellenistischer Bühnenbilder handelt.[185]

---

einer erhöhten Bühne entstand, aber die Meinungen darüber, wie diese Szene bei Menander ursprünglich dargestellt worden sei, gehen weit auseinander, vgl. Diskussion in: Entretiens Fondation Hardt 16, Vandoeuvres-Genève 1970, S. 35—39.

[182] "Practicable door", T. B. L. Webster, Greek Theatre Production S. 26 u. 162.

[183] IG XI, 2, 105—133 u. 142—291 aus den Jahren 300—274. Vgl. dazu H. Bulle, Untersuchungen an griechischen Theatern S. 174 ff.; Bieber History S. 110 mit Anm. 7; G. M. Sifakis, Hellenistic Drama S. 44 f.; W. Jobst, Die Höhle im griechischen Theater S. 15 ff.

[184] Vitr. 5, 6, 8; vgl. 7, 5, 2.

[185] Abb. bei Bieber, History S. 124 f. und Pickard-Cambridge, Theatre S. 227 ff.; vgl. H. Kenner, Griechische Theaterlandschaften S. 56 ff.; T. B. L. Webster, Greek Theatre Production S. 26 f.

Im Grenzbereich zwischen Bühnenmalerei und Theatermaschinerie waren die sog. Periakten angesiedelt,[186] eine Erfindung aus späthellenistischer Zeit, mit deren Hilfe ein schneller Szenenwechsel bewerkstelligt wurde, ohne daß Bühnenarbeiter die Bildtafeln auszuwechseln brauchten. Es handelte sich hierbei um aufrecht stehende, um eine Achse drehbare Prismen, die auf ihren drei Seiten verschiedene Bemalungen trugen; ihr Standort war seitlich der Eingänge in das Skenengebäude — sei es an den beiden Enden des Logeion, sei es in den beiden äußersten Thyromata-Öffnungen.

Unsere Quellen nennen verschiedene Anlässe, bei denen die Periakten eingesetzt wurden. Vor allem zeigten sie Ortswechsel an: nicht nur bei zwei unmittelbar aufeinander folgenden Stücken, sondern auch innerhalb ein und desselben Dramas. Darüber hinaus sollen sie beim Auftreten von Personen aus dem außerszenischen Bereich dem Publikum das Verständnis erleichtert haben, indem sie auf der betreffenden Seite das Bild einer Meeresküste oder Gebirgslandschaft vorzeigten.

Die Erfindung der Periakten kann als eine Folge der erhöhten Proskenionsbühne angesehen werden. Nachdem Schauspieler und Chor räumlich voneinander getrennt waren, fühlten sich die Dichter nicht länger verpflichtet, die Einheit des Ortes zu wahren,[187] sondern entwickelten ihre dramatischen Handlungen mit größerer Freiheit. Bislang hatte der Chor das entscheidende Element der Integration dargestellt, weil er während des gesamten Stücks die Orchestra nicht verließ, doch jetzt befand er sich gleichsam auf neutralem Boden außerhalb des dramatischen Geschehens, das darum nicht länger an einen einzigen Schauplatz gebunden war. Die Periakten waren in der Tat vorzüglich dazu geeignet, einen Ortswechsel schnell und ohne besonderen Aufwand zu signalisieren.

Theatermaschinen

Der Gebrauch von Maschinen zählt zu den auffälligen Merkmalen des griechischen Theaters. Im ersten Augenblick mutet es fast paradox an, daß ein im Mythos wurzelndes Drama, das sich vom Kult nie ganz losgelöst und an einigen Elementen seiner frühen Entwicklungsstufen mit großer Zähigkeit festgehalten hat, auf die Verwendung eigens ent-

[186] Pickard-Cambridge, Theatre S. 234—238; Bieber, History S. 75; C. Fensterbusch, RE V A 2 (1934), Sp. 1404, s. v. Theatron; W. Beare, The Roman Stage S. 248—255; G. M. Sifakis, Hellenistic Drama S. 135.

[187] Diese war ohnehin niemals bindendes Gesetz der griechischen Dramatik, vgl. S. 63 mit Anm. 174.

wickelter mechanischer Hilfsmittel Wert gelegt haben sollte. S. Melchinger hat indessen mit Recht hervorgehoben, daß man mit diesen Maschinen keineswegs beabsichtigte, wirkliche Vorgänge naturgetreu nachzuahmen; als Beweis für eine realistische Bühne dürfen sie darum nicht herangezogen werden. „Was sie zeigten, ... war Theater. Sie zeigten Greuel und Wunder."[188] Zweifellos waren sie nur Mittel zum Zweck, aber man sah keine Veranlassung, ihr technisches Funktionieren um einer wie immer gearteten ästhetischen Wirkung willen zu verbergen.

Zwei Theatermaschinen verdienen besondere Behandlung: eine herausrollbare Plattform (Ekkyklema) und ein Hebekran oder Flugapparat (Mechane, also die Maschine schlechthin). Beide Erfindungen sollten einen bruchlosen Ablauf der dramatischen Handlung garantieren, indem sie räumliche Trennung zu überwinden halfen. Weil die ständige Anwesenheit des Chores es nahelegte, den Schauplatz eines Stückes nicht zu wechseln, war man auf Auswege angewiesen. So vergegenwärtigte man Ereignisse, welche man nicht direkt in dramatischer Aktion vorführen konnte, mit Hilfe epischer Mittel wie dem Botenbericht und der Mauerschau (Teichoskopie) wenigstens im gesprochenen Wort.[189] Dinge, die sich im Innern eines Hauses oder Palastes zutrugen, bereiteten ähnliche Schwierigkeiten; auch sie wurden in der Regel von einem Boten (Exangelos) berichtet oder von einem an der Tür Lauschenden dem Publikum mitgeteilt. Die uns Heutigen so selbstverständliche Konvention, daß man für die Darstellung von Innenszenen einfach die dem Zuschauer zugekehrte Wand entfernt, fand im griechischen Theater so gut wie keine Verwendung.[190]

Hinzu kommt, daß die Tragiker Begebenheiten grauenhafter, blu-

---

[188] S. Melchinger, Theater der Tragödie S. 191.

[189] Ein Bote berichtet z. B. den Hergang der Schlacht von Salamis (Aesch. Pers.), ein Wagenrennen an den Pythischen Spielen (Soph. El.), das Treiben der Mänaden im Gebirge (Eur. Bacch.), den Mauerbau von Wolkenkuckucksheim (Ar. Av.); in einer Mauerschau wird das gegnerische Heer besichtigt (Eur. Phoen., vergleichbar dem Vorbild aus dem 3. Buch der Ilias), aber auch die Rettung Schiffbrüchiger beobachtet (Plaut. Rud.). Zum Botenbericht vgl. A. Svensson in: Dragma, Festschrift für M. P. Nilsson, Lund 1939, S. 449—457; J. Keller, Struktur und dramatische Funktion des Botenberichts bei Aischylos und Sophokles, Diss. Tübingen 1959; L. di Gregorio, Le scene d'annuncio nella tragedia greca, Milano 1967.

[190] Kühn verfährt (wie auch sonst in technischen Dingen) die Alte Komödie. Zu Beginn der ›Wolken‹ liegen Vater und Sohn in ihren Betten — vor der Skene. Die Frage nach dem Drinnen oder Draußen soll gar nicht gestellt werden, sie erledigt sich im weiteren Verlauf von selbst; dazu K. J.

tiger, entsetzlicher Natur in den hinterszenischen Raum zu verlegen pflegten.[191] Man darf dies wohl zu einem Teil dem religiösen Charakter des griechischen Theaters zuschreiben, doch kommen auch dramaturgische Bedenken hinzu: Da im Drama die Motive einer Tat und ihre Folgen mehr interessieren als das Vorzeigen der bloßen Aktion, vertrauten die Dichter der Phantasie mehr als dem Augenschein.[192] Im übrigen fehlen Szenen extremen physischen Leidens durchaus nicht, und selbst die Konfrontation mit dem Tode wird nicht grundsätzlich ausgeschlossen. So stirbt Alkestis vor unseren Augen (freilich eines sanften Todes), Hippolytos wird als Sterbender zu einer letzten Begegnung mit dem Vater herbeigetragen, im ›Agamemnon‹ durchleidet die Seherin Kassandra im voraus ihre Ermordung in allen Einzelheiten, Ödipus tritt sogleich nach seiner Blendung wieder aus dem Palast hervor. Trotzdem wird die unmittelbare blutige Gewalttat, werden Greuel wie Mutter- oder Kindermord aus einer heiligen Scheu heraus den Augen entzogen, werden selbst Tieropfer nicht auf offener Bühne dargebracht.[193] Horaz hat es sogar in die Form einer Anweisung gekleidet:[194]

> ne pueros coram populo Medea trucidet.

Sobald jedoch das Entsetzliche geschehen war, genügte es nicht, dies zu berichten; es genügte auch nicht, das Tor zum Skenengebäude zu öffnen, denn was der Zuschauer im vollen Licht wahrnehmen sollte, damit er von Furcht und Mitleid, besser: von Schrecken und Jammer ergriffen würde,[195] das wäre im Halbdunkel verborgen geblieben.

Dover, Aristophanes Clouds, Oxford 1968, S. LXXIII f. und 91 f. — Vgl. S. 64, Anm. 181.

[191] K. Kiefer, Körperlicher Schmerz und Tod auf der attischen Bühne, Heidelberg 1909, bes. S. 100 ff.; K. Joerden, Zur Bedeutung des Außer- und Hinterszenischen, in: Bauformen der griechischen Tragödie, München 1971, S. 403 (mit tabellar. Übersicht).

[192] H. C. Baldry, The Greek Tragic Theatre, London 1971, S. 50.

[193] P. Arnott, Greek Scenic Conventions, Append. III; K. Matthiessen, Elektra, Taurische Iphigenie und Helena, Göttingen 1964, S. 144 Anm. 3.

[194] Hor. AP 185; vgl. C. O. Brink, Horace on Poetry II, Cambridge 1974, S. 244.

[195] W. Schadewaldt, Furcht und Mitleid? Hermes 83 (1955), S. 129—171 (Repr. in: Hellas und Hesperien I, 2. Aufl. Zürich 1970, S. 194 ff.); M. Pohlenz, Furcht und Mitleid? Ein Nachwort, Hermes 84 (1956), S. 49—74 (Repr. in: Kleine Schriften II, Hildesheim 1965, S. 562 ff.); M. Fuhrmann, Einführung in die antike Dichtungstheorie, Darmstadt 1973, S. 90 ff.

Jetzt war der Augenblick gekommen, eine Maschine einzusetzen. Mit ihrer Hilfe wurde das Innere des Hauses nach außen gekehrt. Aus dem Tor im Hintergrund rollte bis an den Rand der Orchestra eine niedrige Plattform heraus, auf welcher die Täter mitsamt ihren Opfern als ein schreckliches Tableau sich den Blicken der Zuschauer darboten.

So etwa müssen wir uns das Ekkyklema vorstellen.[196] Nicht nur sein Mechanismus war immer wieder Gegenstand lebhafter Kontroversen, sondern auch seine Existenz im Theater der klassischen Zeit überhaupt.[197] Nun finden wir zwar den Terminus Ekkyklema erst im Hellenismus erwähnt, aber das besagt nichts gegenüber den archäologischen Befunden, die eine solche Einrichtung schon im 5. Jh. nahelegen,[198] sowie dem unbestreitbaren Gewinn an dramatischem Effekt in einer Reihe von Tragödien. Hinzu kommen zwei Szenen bei Aristophanes, die ihren ganzen Witz verlören, wenn man hinter ihnen nicht die Wirklichkeit der tragischen Bühne sähe.[199]

Auch die kranartige Schwebevorrichtung[200] diente der Geschlossenheit des Handlungsablaufs. Sie wurde immer dann eingesetzt, wenn

---

[196] E. Reisch, RE V, 2 (1905), Sp. 2202—7, s. v. ἐκκύκλημα; C. Fensterbusch, RE V A 2 (1934), Sp. 1400 f., s. v. Theatron; Pickard-Cambridge, Theatre S. 100—122; A. M. Dale, Seen and unseen on the Greek stage, WS 69 (1956), S. 96—106; P. Arnott, Greek Scenic Conventions S. 78—88; S. Melchinger, Theater der Tragödie S. 191—194.

[197] Zuletzt geleugnet von K. Joerden, Zur Bedeutung des Außer- und Hinterszenischen S. 410—412.

[198] Im Dionysostheater springt aus dem Steinfundament der Skene eine etwa 7 m breite und 3 m tiefe Plattform gegen die Orchestra vor, die man am besten als Substruktion für das Ekkyklema erklärt (s. o. Anm. 128). Vgl. Bieber, History S. 67; P. Arnott, S. 81; H.-J. Newiger, RhM 108 (1965), S. 231 (= Aristophanes, Darmstadt 1975, S. 227). — Im Theater von Eretria wurden Rollgeleise entdeckt, die aus dem Mitteltor auf die erhöhte Skene hinausführten; auch sie deuten auf die Existenz eines Ekkyklema.

[199] In den ›Acharnern‹ (407 ff.) wird Euripides, in den ›Frauen am Thesmophorienfest‹ (95 ff.) der Tragiker Agathon samt seinem Hausinventar „herausgerollt": beide Szenen sind von großer komischer Kraft. — Ohne parodistische Absicht dagegen ein Auftritt Knemons im ›Dyskolos‹ des Menander, vgl. die Kommentare von E. Handley zu V. 758 und Gomme-Sandbach zu V. 690. Es sieht so aus, als ob die Komödie ein ursprünglich dem ernsten Spiel vorbehaltenes Requisit allmählich auch für eigene — nicht parodistische — Zwecke nutzbar gemacht hat.

[200] C. Fensterbusch, RE V A 2 (1934), Sp. 1401—3, s. v. Theatron; Bieber, History S. 76—78; N. C. Hourmouziades, Production and Imagination in

es galt, Personen von weit außerhalb zum Ort des Spielgeschehens zu bringen. Das erweist sich zumal in solchen Stücken als notwendig, in denen nicht der Chor, sondern die Hauptperson unbeweglich an einem entlegenen Ort verharrt, wie der an den Gipfel des Kaukasus geschmiedete Prometheus oder die an einer Meeresklippe ausgesetzte Andromeda.

Kein antikes Stück konfrontiert den Regisseur mit einer solchen Fülle dorniger Probleme wie der ›Prometheus‹ des Aischylos.[201] Jede szenische Konzeption hängt wesentlich davon ab, auf welcher Ebene im Theater man sich den Felsen denkt, an welchen der Titan gekettet ist. Zwar ist die Autorschaft des Aischylos noch immer umstritten,[201a] doch muß als Schauplatz des Geschehens ein gegenüber der Orchestra etwas erhöhter Platz vor der entsprechend bemalten Front des Skenengebäudes angenommen werden, nicht jedoch dessen Dach.[202] Der Chor der Okeanostöchter fliegt durch die Luft herbei, das geschah vermutlich

Euripides, Athen 1965, S. 146—169; S. Melchinger, Theater der Tragödie S. 194—200. — Die Mechane wurde nach einzelnen Bestandteilen auch „Geranos" (Greifarm), „Aiorai" (Seilzug, Poll. 4, 131) oder „Kremathra" (Haken, Ar. Nub. 218) genannt. Sie war vermutlich an zentraler Stelle auf dem hinter der Skene liegenden Steinfundament errichtet (vgl. S. 49 und Bieber, History S. 76 m. Abb. 282) und konnte Personen hoch über dem Dach erscheinen lassen (Eur. Or. 1625 ff.) und auf die Spielfläche niedersetzen (z. B. den Käfer im ›Frieden‹). Schwer vorstellbar, daß der Schauspieler nur in Gurten hängend niederschwebte; S. Melchingers These von einer Gondel vorn am Haken hat viel für sich. Auch der Sokrates in den ›Wolken‹ des Aristophanes hängt am Kran in einem flachen Korb.

[201] Lit. bei A. Lesky, Die tragische Dichtung der Hellenen, 3. Aufl. Göttingen 1972, S. 134 ff. und R. Unterberger, Der gefesselte Prometheus des Aischylos, Tübinger Beiträge zur Altertumswiss. 45, Stuttgart 1968, S. 139 ff.; O. Taplin, The Stagecraft of Aeschylus, Oxford 1977, S. 240—275.

[201a] C. J. Herington, The Author of Prometheus Bound, Austin 1970, hält sie für möglich; M. Griffith, The Authenticity of Prometheus Bound, Cambridge 1977, bestreitet sie.

[202] Pickard-Cambridge, Theatre S. 38; H. C. Baldry, Greek Tragic Theatre S. 42 f.; W. Schadewaldt bei R. Unterberger S. 10 f. — Für das Dach als Spielfläche plädieren u. a. H. Kenner, Das Theater und der Realismus in der griechischen Kunst, Wien 1954, S. 105; W. Jobst, Die Höhle im griechischen Theater, Wien 1970, S. 143 ff., nicht zuletzt wohl, um Prometheus am Ende spektakulär versinken zu lassen. Es scheint indessen plausibler, daß der Untergang mittels des Ekkyklema bewerkstelligt wurde, wie es u. a. K. Reinhardt, Aischylos als Regisseur und Theologe, Bern 1949, S. 77 f. dargestellt hat.

mit Hilfe des Krans.[203] Auf die gleiche Weise erscheint wenig später ihr Vater, auf einem vierbeinigen Flügelwesen reitend.

Es kann niemanden verwundern, daß dergleichen den Spott der Komödie herausgefordert hat. Wenn im ›Frieden‹ des Aristophanes der Held auf einem Riesenkäfer in den Olymp hinauffliegt, um die Friedensgöttin auf die Erde zurückzuholen, dann persifliert er damit ausdrücklich den euripideischen Bellerophon auf dem Pegasos.[204] Erst Euripides machte die Mechane zu einem typischen Vehikel für bestimmte mirakulöse Göttererscheinungen, für den sog. Deus ex machina.[205] Am Schluß einer ganzen Reihe seiner Tragödien,[206] in Situationen, wo menschliches Handeln in eine Aporie geführt hat, erscheint plötzlich ein Gott hoch über den Streitenden und erzwingt durch sein Machtwort eine Lösung des Konflikts oder zumindest ein Arrangement. Durch ihn wird der Zuschauer auch über den weiteren Verlauf der Begebenheit unterrichtet. Auf diesen schon bei Platon sprichwörtlich gewordenen[207] Deus ex machina zielt der Spott des Komödiendichters Antiphanes,[208] daß die tragischen Dichter, wenn sie nicht mehr weiter wissen, nur den Kran wie einen Finger zu heben brauchen, damit sich ihnen alles nach ihrem Wunsche fügt. — Götter als Prologsprecher

---

[203] E. Fraenkel, Der Einzug des Chors im Prometheus, Ann. Sc. Norm. Sup. di Pisa 1954 (= Kl. Beiträge I, Rom 1964, S. 389—396) hat überzeugend und witzig der Vorstellung von einem „Okeanidenomnibus" den Garaus gemacht; wäre ein solches Gefährt mit den damaligen technischen Mitteln überhaupt zu transportieren gewesen? Die Mädchen kommen vielmehr einzeln auf zierlichen Flügelsesseln herbeigeschwebt. Wo sie ihre Fahrzeuge „parken", ist schwer zu entscheiden (Fraenkels „Arbeitshypothese" S. 395 leuchtet nicht ein); sie singen und tanzen jedenfalls in der Orchestra (279 f. und Schol. zu 272). — Nach W. Schadewaldt (s. Anm. 202) wurden ihre Flügelwagen an Seilen aus den Paraskenien herein- und hinausgezogen (Abb.).

[204] Ar. Pax 154; desgl. Schol. zu v. 76, 136. P. Rau, Paratragodia, München 1967, S. 89 ff.

[205] A. Spira, Untersuchungen zum Deus ex machina bei Sophokles und Euripides, Diss. Frankfurt 1957, Kallmünz 1960; W. Schmidt, Der deus ex machina bei Euripides, Diss. Tübingen 1963.

[206] W. Schmidt, S. 36 ff.; N. C. Hourmouziades, Production and Imagination S. 164 ff.; S. Melchinger, Theater der Tragödie S. 195.

[207] Plat. Crat. 425 D, Clitoph. 407 A; Dem. 40, 59; Men. Frg. 243 u. 951 Kö-Th. — Vgl. W. Schmidt S. 8 ff.

[208] Antiphanes Frg. 191, 13 ff. K.

treten dagegen auf der normalen Spielebene auf, meist von einer Parodos her.[209]

Wir beobachten ein unterschiedliches Verhältnis der drei Tragiker zu den Maschinen. Aischylos hat die technischen Möglichkeiten des Theaters teils selbst erst geschaffen, teils gern aufgegriffen; er bedient sich ihrer mit einer gewissen naiven Freude und verschmäht weder das Unheimliche noch das Phantastische als Ausdrucksmittel seiner Kunst. Ganz anders Sophokles, der große Zurückhaltung in der Anwendung von Theatermaschinen übt.[210] Euripides schließlich macht das vordergründig unproblematische Funktionieren des Krans zu einem Mittel aufklärerischer Ironie, indem er das Eingreifen des „Maschinengottes" als einen bewußt schematischen, durchschaubaren Theatercoup darstellt, der in Wirklichkeit nur eine Scheinlösung herbeiführt.[211]

Von untergeordneter Bedeutung gegenüber den genannten Maschinen sind solche technischen Hilfsmittel, deren man sich nur bei Bedarf bediente und die nicht zum festen Inventar des Theaters gehörten. So gab es Vorrichtungen, mit denen man Donner und Blitz nachahmen konnte (Bronteion, Keraunoskopeion). Im ersten Falle war dies ein aufgespanntes Fell, auf das man aus einem Erzbehälter Bleikugeln niederprasseln ließ, oder einfach Kieselsteine, welche man in ein Metallbecken schüttete. Für Blitzerscheinungen genügte eine spiegelnde Bronzeplatte — vorausgesetzt, daß die Sonne schien; Pollux beschreibt sie als eine Sonderform der Periakten, irgendwo in der Höhe installiert; das betrifft erst das hellenistische Theater.[212] Blitz und Donner sind beliebte dramatische Begleiterscheinungen; sie untermalen sowohl das Versinken des Prometheus als auch die parodische Epiphanie und Apotheose des Helden der aristophanischen ›Vögel‹, der den Blitzstrahl schwingend und die göttliche Basileia im Arm haltend zum Schluß (1706 ff.) sich als der neue Weltenherrscher präsentiert.

---

[209] N. C. Hourmouziades S. 156—163.

[210] Ekkyklema wohl Ai. 346 f., Ant. 1293 f., El. 1458 ff., vgl. P. Arnott, Greek Scenic Conventions S. 85. — Der Deus ex machina nur Phil. 1409 ff., vgl. A. Spira S. 12—32.

[211] K. v. Fritz, A & A 5 (1956), S. 63—7 (Repr. in: Antike und moderne Tragödie, Berlin 1962, S. 312 ff.); S. Melchinger, Theater der Tragödie S. 198 ff.; vgl. Ph. Vellacott, Ironic Drama, A Study of Euripides' Method and Meaning, Cambridge 1975, S. 20 ff.

[212] Poll. 4, 130. Zum Bronteion vgl. W. J. M. Starkie zu Ar. Nub. 294.

Requisiten

Viele Tragödien- und Komödienhandlungen setzen die Existenz eines Altars im Theater voraus. Gegen die vielfach vertretene Meinung, ein solcher Thymele genannter Altar[213] habe sich als eine ständige Einrichtung in der Orchestra befunden, erheben sich jedoch starke Bedenken. Nicht nur, daß der eigentliche Opferaltar stets vor dem Tempel des Gottes liegt — noch schwerer wiegt der Einwand, daß bisher in keiner Orchestra eindeutig identifizierbare Spuren einer Thymele zutage gefördert wurden.[214] Dieser negative Befund entspricht im übrigen der Wahrscheinlichkeit. Ein permanenter Altarbau inmitten der Orchestra wäre den dramatischen Aufführungen abträglich gewesen, weil er die Bewegungen der Tänzer behindert und den Zuschauern den Blick verstellt hätte.

Eine Notiz des Pollux scheint zu besagen, daß schon vor dem Entstehen des Dramas Choreuten in der Orchestra um einen auf einem Stufenpodest (Bema) errichteten Altar getanzt hätten.[215] Als dann die Tragödie sich entwickelte, wurde er offenbar entfernt oder an die Peripherie des Tanzplatzes versetzt. Das schließt nicht aus, daß man bei rein musikalischen Aufführungen, also bei Agonen von Auleten und Kitharoden, eine Thymele wieder an den ursprünglichen Standort verbrachte.[216]

---

[213] A. S. F. Gow, On the meaning of the word θυμέλη, JHS 32 (1912), S. 213—238, bes. 233; C. Fensterbusch, RE VI A 1 (1936), Sp. 700—704, s. v. Θυμέλη; F. Robert, Thymélè, Bibl. Ec. Franc. d'Athènes et de Rome 147, Paris 1939; P. Arnott, Greek Scenic Conventions S. 43. — Als t. t. des Theaterwesens ist das Wort erst spät bezeugt; die Grundbedeutung ist „Herd", „Altar", doch wird Thymele dann auch mit der Orchestra gleichgesetzt (zuerst im berühmten Hyporchema des Pratinas [TrGF I, 4 Pratinas Frg. 3 Snell]) und kann schließlich den gesamten Bühnenbereich bezeichnen. Die Bedeutungserweiterung ähnelt der von Skene und Theatron.

[214] C. Fensterbusch Sp. 703; A. v. Gerkan, W. Müller-Wiener, Das Theater von Epidauros, Stuttgart 1961, S. 7 f.

[215] Poll. 4, 123.

[216] Schon im ausgehenden 4. Jh. bildete sich (benannt nach dem Ort der Austragung) der Gegensatz von σκηνικοί und θυμελικοί ἀγῶνες heraus. Zu den letzteren zählten alle nichtdramatischen Darbietungen: neben den rein musikalischen auch die poetischen (Epenrezitation) und rhetorischen (Prunkreden). Dazu W. Dörpfeld, E. Reisch, Das griechische Theater S. 278; J. Frei, De certaminibus thymelicis, Diss. Basel 1900; E. Bethe, Hermes 36 (1901), S. 597 ff.; H. Lloyd-Jones, JHS 83 (1963), S. 82.

Die für die Handlung eines Dramas benötigten Altäre hingegen
gehörten zur Dekoration und waren kein fester Bestandteil des
Theaters.[217] Mit dem Dionysosaltar hatten sie nichts zu tun; ihr
Standort war der Spielbereich der Skene. Der Requisiten-Charakter
tritt deutlich im ›Frieden‹ des Aristophanes zutage: Zum Zwecke
eines Opfers (938 ff.) wird eigens ein Altar aus dem Hausinnern her-
beigeschafft.[218]

Als Erfinder dieses Bühnenrequisits gilt Aischylos.[219] In den ›Schutzflehenden‹ hat jeder der zwölf Olympier einen eigenen mit seiner
Statue geschmückten Altar auf einer podiumähnlichen Erhöhung; eine
ähnliche gemeinschaftliche Altaranlage (Koinobomia) zeigen die ›Sieben
gegen Theben‹. Gewöhnlich aber steht ein einzelner Altar in der Nähe
der Bühnentür, so etwa vor dem Palasttor im ›König Ödipus‹, wo
sich gleich zu Beginn das Volk von Theben bittflehend versammelt.
Euripides bedient sich mit Vorliebe des Motivs der Zuflucht am asyl-
gewährenden Altar und macht diesen so zum Brennpunkt des tragischen Geschehens.[220]

Nach Pollux war der Bühnenaltar dem Apollon Agyieus geweiht.[221]
Dafür gibt es vereinzelte Belege schon in der Tragödie und bei Aristophanes, aber uneingeschränkt trifft das erst zu für die weitgehend
stereotyp gewordene Bühne der Neuen Komödie: Zur Athener Vor-
stadtstraße mit ihren zwei bis drei Häusern gehörte wohl regelmäßig
ein Steinmal des Agyieus.[222]

---

[217] Pickard-Cambridge, Theatre S. 131; J. Dingel (s. u. Anm. 225) S. 352,
370 f.

[218] So die communis opinio der Kommentatoren. Anders P. Arnott,
Greek Scenic Conventions S. 49 f.

[219] Aesch. Vita 14.

[220] Mit einer Altarflucht-Szene beginnen ›Andromache‹, ›Herakles‹,
›Herakliden‹ und ›Schutzflehende‹, also mit einem Tableau ähnlich wie der
›König Ödipus‹. Vor Beginn des Stückes mußten die Spieler auf offener
Bühne (ohne Vorhang) ihre Plätze einnehmen, vgl. A. Lesky, Tragische Dich-
tung S. 358; S. Melchinger, Theater der Tragödie S. 73. — Zum Motiv der
Altarflucht: J. Kopperschmidt, Hikesie als dramatische Form, in: Bauformen
der griechischen Tragödie, München 1971, S. 321—346.

[221] Poll. 4, 123.

[222] Vgl. Donat zu Ter. Andr. 726. Stellen aus der griechischen und
römischen Komödie gesammelt von C. Saunders, TAPhA 42 (1911), S. 91
bis 103; H.-D. Blume, Menanders ›Samia‹, Darmstadt 1974, S. 36 Anm. 62
(Lit.).

In mehreren Tragödien befindet sich auf der Bühne ein Grabmal;[223] wie ein Altar gewährt es Schutzsuchenden Asyl und ist Schauplatz von Opferhandlungen.[224] Auch dies ist ein frei verfügbares Requisit, das je nach Bedarf aufgestellt werden konnte. Was im einzelnen an Requisiten Verwendung fand, braucht hier nicht ausgeführt zu werden. Für die Tragödie hat J. Dingel das Material übersichtlich zusammengestellt.[225] Aristoteles hat bekanntlich die Bedeutung der äußeren Bühnenvorgänge für die Gesamtwirkung eines Dramas gering eingeschätzt.[226] Wir können seinem Urteil insofern zustimmen, als die Tragiker den Aufwand an Requisiten auf das Notwendigste beschränkten. Niemals werden diese um einer bloßen Wirkung willen eingesetzt, sondern sie erweisen sich immer als bedeutungsvoll für den Sinnzusammenhang.[227]

Daß Schauspieler in späterer Zeit einen „naturalistischen" Darstellungsstil suchten und dabei auch vor grellen Theatereffekten nicht zurückschreckten, ist etwas ganz anderes. So berichtet Gellius,[228] daß der berühmte Schauspieler Polos (Ende des 4. Jh.s), als er kurz nach dem Tode seines Sohnes die Rolle der Sophokleischen Elektra spielen und dabei eine Urne mit der vermeintlichen Asche des Orest beklagen mußte, die Urne des eigenen Sohnes auf die Bühne gebracht und so seinen privaten, echten Schmerz dargestellt habe. Man braucht keines-

---

[223] Zum Grab als Bühnenrequisit P. Arnott, Greek Scenic Conventions S. 57 ff.; J. Dingel (s. u. Anm. 225) S. 353.

[224] Als Zufluchtsstätte dient das Proteusgrab in der ›Helena‹ des Euripides (die Szene parodiert Aristophanes Thesm. 885 ff.); zur szenischen Darstellung vgl. R. Kannicht, Euripides Helena, Heidelberg 1969, II, S. 308 f. — Opfer am Grabe z. B. in den ›Persern‹ anläßlich der Beschwörung des Dareios (Aesch. Pers. 609 ff.) oder in den ›Choephoren‹.

[225] J. Dingel, Requisit und szenisches Bild in der griechischen Tragödie, in: Bauformen der griechischen Tragödie, München 1971, S. 347—367 (zugrunde liegt eine Diss. Tübingen 1967).

[226] Er ging dabei so weit, daß er behauptete, die Tragödie wirke auch dann, wenn man sie nur lese: Arist. Poet. 6, 1450 b 18 f.; 14, 1453 b 3 ff.; 26, 1462 a 11; vgl. Einleitung S. 3. Eine Gegenposition vertritt S. Melchinger S. 31: „‹Theater› ist immer ein Schau-Spiel gewesen" (vgl. sein Register s. v. Opsis).

[227] So z. B. die ausgebreiteten Purpurgewänder im ›Agamemnon‹ (909 ff.), der Wasserkrug der euripideischen Elektra (55 ff., 140) oder die Urne, welche die sophokleische Elektra entgegennimmt (1123 ff.). Zur Funktion dieses Requisits J. Dingel S. 355 ff.

[228] Gell. 6, 5.

wegs eine rigorose Distanz des Schauspielers von der dargestellten Rolle zu fordern (obwohl das Tragen von Masken und die häufig geübte Aufteilung ein und derselben Rolle auf mehrere Sprecher eine solche zumindest nahelegen), um dies mit Bertolt Brecht als einen „barbarischen Vorgang" zu empfinden.[229]

In der Tragödie dominiert das gesprochene oder gesungene Wort, es kommentiert und verdeutlicht sogar das sichtbare Bühnengeschehen.[230] Sooft der Dichter Requisiten verwendet, geschieht dies um der Zuspitzung des dramatischen Konflikts willen, der allein im Dialog ausgetragen wird.

Die Komödie des Menander steht auch in dieser Hinsicht der Tragödie nahe. Die sparsam eingesetzten Requisiten sind ebenfalls streng der dichterischen Intention untergeordnet; meistens dienen sie der Charakterisierung (Ethopoiie) oder der Verdeutlichung der in den Dialogen stattfindenden Auseinandersetzung. So bewirkt im 1. Akt des ›Dyskolos‹ der Wasserkrug der Knemon-Tochter, daß die Verliebten einander nahekommen, und in der Schlußszene der ›Samia‹ zeigt Moschions ungeschicktes Hantieren mit einem Schwert nicht nur, wie wenig die angemaßte Rolle eines Soldaten zu ihm paßt, sondern es treibt die das Stück beherrschenden Mißverständnisse kurz vor dem glücklichen Ende auf einen letzten Höhepunkt.[231]

Demgegenüber kommt den Requisiten in der Alten Komödie eine ungleich größere Bedeutung zu. Weil diese Stücke viel lockerer strukturiert sind (Aristophanes beläßt einzelnen Szenen, ja sogar manchen witzigen Einfällen eine bemerkenswerte Selbständigkeit), entfällt die strenge thematische Bezogenheit. Hier lebt komisches Spiel nur zur Hälfte vom gesprochenen Wort, zur anderen Hälfte von dem, was sich auf der Bühne ereignet, und dem entspricht die große Unbefangenheit in der Verwendung szenischer Hilfsmittel. Schon die Wahl der Schauplätze setzt nicht selten eine einfallsreiche Bühneneinrichtung und ein ganzes Arsenal verschiedenartiger Requisiten voraus, dazu kommt eine Vielfalt bunter und unkonventioneller Masken und Kostüme. O. Zwierlein hat in diesem Zusammenhang die Euripides-Parodien besonders hervorgehoben:[232] In ihnen wird dem Zuschauer der Kontrast zwischen tragischem Modell und komischer Persiflage augenfällig vorge-

---

[229] B. Brecht, Ges. Werke 16 (Schriften zum Theater 2), Frankfurt a. M. 1967, S. 899 f.

[230] Eur. Heraclid. 928 f. u. ö.

[231] Men. Dysc. 189 ff.; Sam. 719 f.

[232] O. Zwierlein, GGA 222 (1970), S. 218 f.

führt. Wenn in den ›Acharnern‹ Euripides in einem Wust von Theater-
plunder sitzend herausgerollt wird, wenn in den ›Vögeln‹ die zwei
athenischen Auswanderer sich mit ihrem mitgeschleppten Küchengerät
gegen drohende Angriffe des Chors wappnen, wenn in der ›Weibervolksversammlung‹ Chremes alle möglichen Haushaltsgegenstände nach
Art einer Panathenäen-Prozession aufmarschieren läßt,[233] dann ist es
unumgänglich, all dies sichtbar vorzuführen, wenn der Witz zünden
soll. In solchen Szenen wird das Gerätespiel zum komischen Selbstzweck.

4. Die Schauspieler

Historischer Überblick

Den verschiedenen Entstehungstheorien der antiken Tragödie und
Komödie ist eines gemeinsam: Sie alle setzen voraus, daß zu einem
ursprünglichen Chorgesang später die Sprecher (Schauspieler) hinzuge-
treten sind.[234] Anhand der erhaltenen Texte können wir verfolgen, wie
dann das dialogische Element ein immer größeres Gewicht erhielt, bis
es das lyrische des Chores schließlich weitgehend verdrängt hatte.

Die Anfänge liegen im Dunkel verborgen. Wir wissen nicht genau,
ob es (wie antike Gewährsleute berichten) wirklich Thespis war, der
zuerst als Sprecher[235] dem Chor gegenübertrat.[236] Mit seinem Namen
werden jedenfalls die entscheidenden Neuerungen in Verbindung gebracht. So gilt er als der Erfinder des Prologs und der Rhesis, d. h.
einer einführenden Mythenerzählung und des Botenberichts; zumal
mit letzterem konnte er Dinge, die außerhalb des Schauplatzes lagen,
ins Spiel einbeziehen und so die Unbeweglichkeit des an die Orchestra

---

[233] Ar. Ach. 407 ff.; Av. 357 ff.; Eccl. 730 ff.

[234] K. Schneider, RE Suppl. 8 (1956), Sp. 187—232, s. v. ὑποκριτής;
Pickard-Cambridge, Festivals S. 126—176; P. Ghiron-Bistagne, Recherches
sur les acteurs dans la Grèce antique, Paris 1976 (mit Lit.).

[235] Das griechische Wort für Schauspieler lautet ὑποκριτής, die Bedeutung
„Antworter" ergibt sich aus der Funktion des Schauspielers. A. Lesky, Studi
in onore E. Paoli, Firenze 1955, S. 471 ff. (= Ges. Schriften, Bern 1966,
S. 239 ff.) verficht demgegenüber die These, daß es „Ausleger", „Erklärer"
heißen müsse. — Zur Terminologie vgl. Pickard-Cambridge, Festivals
S. 126—135.

[236] H. Patzer, Die Anfänge der griechischen Tragödie, Wiesbaden 1962,
S. 127 glaubt, dies sei schon um die Mitte des 6. Jh.s geschehen.

gefesselten Chores kompensieren.[237] Das Ergebnis war zwar eher ein
Oratorium als ein Drama im modernen Sinne, doch mit der Wechsel-
rede zwischen Schauspieler und Chorführer — dieser nahm eine Mittel-
stellung zwischen den Choreuten und dem Sprecher ein — war ein
erster wichtiger Schritt getan. Die geniale Neuerung stammt von
Aischylos, der einen zweiten Sprecher einführte und damit die Kon-
struktion dramatischer Handlungen ermöglichte. Sophokles schließlich
erhöhte die Zahl der Schauspieler auf drei, was Aischylos in seinen
letzten Stücken noch übernahm; doch das bedeutete nurmehr eine Er-
weiterung der bereits vorhandenen Möglichkeiten, nichts prinzipiell
Neues. Mit der Dreizahl der Schauspieler war das Endstadium der
Entwicklung erreicht. Bisweilen ergeben sich bei der Aufteilung des
Textes auf drei Sprecher allerdings Schwierigkeiten; in solchen Fällen
nimmt man an, daß ein vierter Schauspieler für stumme Rollen eingesetzt wurde.[238]

Im 6. Jh. waren Dichter und Schauspieler identisch;[239] erst seit
Aischylos muß es Leute gegeben haben, die nur Schauspieler waren.
Aischylos pflegte zu den Männern seiner Wahl einen persönlichen Kon-
takt, der über Jahre anhielt. Eine antike Biographie hat uns sogar ihre
Namen überliefert: Kleandros hieß der erste Schauspieler neben dem
Dichter, später trat Mynniskos hinzu. Von Sophokles wissen wir, daß
er trotz anfänglicher Erfolge früh darauf verzichtete, in den eigenen
Stücken aufzutreten,[240] offenbar weil er sich von professionellen Darstellern eine größere Wirkung versprach. Dem Kallimachos-Schüler
Istros verdanken wir die interessante Notiz, daß er seinen Protagonisten sogar Rollen auf den Leib schrieb.[241] Die schauspielerische Darbietung wurde für den Erfolg eines Stückes immer bedeutsamer, dies
kennzeichnet die Fortentwicklung des Dramas von seinen improvisierenden kultischen Ursprüngen in Richtung auf ein nach ästhetischen
Maßstäben zu beurteilendes Kunstwerk.

---

[237] Vgl. S. 67.

[238] Vgl. S. 83. — Während der Staat die drei regulären Schauspieler be-
zahlte, ging die Besoldung des zusätzlichen zu Lasten des Choregen: E.
Reisch, RE III, 2 (1899), Sp. 2416, s. v. χορηγία und K. Schneider, RE
Suppl. 8 (1956), Sp. 192, s. v. ὑποκριτής.

[239] Arist. Rhet. 3, 1, 1403 b 23; Plut. Sol. 29, 6.

[240] Man erinnerte sich noch daran, daß er im ›Thamyras‹ die Leier spielte
(doch wohl als Hauptdarsteller) und in den ›Plyntriai‹ als Nausikaa graziös
Ball spielte: Vita Soph. 5; Athen. 1, 20.

[241] Vita Soph. 6; F. Jacoby, RE IX, 2 (1916), Sp. 2279 f., s. v. Istros (9).

Zunächst gab es keinen regelrechten Berufsstand der Schauspieler, dazu waren die Gelegenheiten dramatischer Aufführungen zweimal im Jahr allzu selten. Wer sich in der großen Zahl der alljährlich benötigten Choreuten hervortat, konnte wohl als Anwärter für Sprecherrollen gelten. Ihm kam die Ausbildung in Gesang und Tanz ebenso zugute wie die Erfahrung in der Praxis. Allerdings bewirkte das Prinzip des dramatischen Wettkampfs, daß sich in der Schauspielkunst ein Spezialistentum heranbildete, und als etwa i. J. 447 neben dem Agon der Dichter an den Städtischen Dionysien auch ein solcher der tragischen Schauspieler (genauer: der Protagonisten) eingerichtet wurde, zog der Staat damit nur sichtbar die Konsequenzen aus der Entwicklung, daß neben der Qualität der Dichtung auch die Art der Darstellung einer Aufführung zum Siege verhalf.

Während anfangs die Zusammenarbeit von Dichter und Schauspieler auf persönlicher Sympathie beruhte, wurden spätestens nach Einführung der Schauspieleragone die Protagonisten vom verantwortlichen Archon den Tragikern durch das Los zugeteilt.[242] Auf diese Weise ließen sich die Chancen eines Sieges am gerechtesten verteilen. Damals mußte jeder Schauspieler an den Dionysien an einem einzigen Tage vier Hauptrollen hintereinander spielen — eine außerordentliche Leistung, die derjenigen des Chores entsprach. Allmählich scheint man indessen bestrebt gewesen zu sein, die Lasten für den einzelnen Protagonisten gleichmäßiger zu verteilen. Nach Ausweis der Didaskalien-Inschrift teilten sich i. J. 341 drei Schauspieler die Stücke der drei konkurrierenden Trilogien so untereinander auf, daß jeder von ihnen nur noch einen führenden Part pro Tag zu bewältigen hatte, d. h. die drei um den Sieg kämpfenden Protagonisten standen jedem der drei Dichter für je ein Stück ihrer Trilogie zur Verfügung.[243]

Im 4. Jh. traten, begünstigt durch die wachsende Zahl von Wiederaufführungen sowohl in Athen als auch an den neu entstehenden Theatern, die Schauspieleragone gegenüber den Dichteragonen immer mehr in den Vordergrund. Die Schauspielkunst erreichte einen Höhepunkt, so daß Aristoteles konstatieren konnte,[244] sie übertreffe die der Dichter. Die aufs höchste gesteigerte Virtuosität brachte einigen Spit-

---

[242] K. Schneider, RE Suppl. 8 (1956), Sp. 222, s. v. ὑποκριτής.

[243] „Die Rollen wurden nach dem Schema a—b—c, c—a—b, b—c—a verteilt", K. Schneider a. a. O., Sp. 226; vgl. A. Wilhelm, Urkunden S. 40 f.; Pickard-Cambridge, Festivals S. 108 f.; H. J. Mette, Urkunden S. 91.

[244] Arist. Rhet. 3, 1, 1403 b 33.

zenkönnern Stargagen ein[245] sowie einen weit über die Grenzen Attikas
reichenden Ruhm. Als Diener des Dionysos genossen sie beachtliche
Privilegien: Sie waren nicht nur vom Kriegsdienst befreit, sondern erhielten auch freies Geleit durch Feindesland, weswegen die Athener
sich ihrer sogar zu diplomatischen Missionen, etwa an den makedo-
nischen Hof, bedienten.[246] Die großen Schauspieler standen im Brennpunkt des öffentlichen Interesses — dies bezeugen Ehreninschriften und
die vielen über sie kursierenden Anekdoten —, und wohl zu keiner
anderen Zeit ist ihr sozialer Status ähnlich hoch gewesen.

Allmählich wurden in allen größeren Gemeinden Attikas, dann der
ganzen griechischsprachigen Welt, eigene Aufführungen veranstaltet,
und wer den hohen Ansprüchen des Athener Publikums nicht genügte,
fand hier eine Wirkungsstätte. Da jedoch die Zahl der Schauspieler
nicht in gleichem Maße wuchs wie der Bedarf und nur an wenigen
Orten die benötigten Künstler zur Verfügung standen, mußte man sie
von auswärts herbeiholen. Auf diese Weise bildeten sich erstmals kleine
Wandertruppen, die sich überwiegend der Wiederaufführung der be-
liebtesten Stücke der Klassiker widmeten.[247] Weil aber die meisten Gemeinden finanziell nicht in der Lage waren, einen Laienchor einzu-
studieren, ist mit Bearbeitungen zu rechnen, die den Chor elimi-
nierten.[248] Ein letzter Schritt war die Auflösung des Dramas in virtuose Einzelszenen.[248a]

Seit dem 4. Jh. werden auch Schattenseiten der Schauspieler-Existenz
kenntlich, denn die Lage derer, die nicht zur Spitzenklasse zählten, erwies sich als keineswegs beneidenswert. Wir wissen, daß der Redner
Aischines, ausgezeichnet mit einer schönen Stimme und von angenehmem
Äußeren, sich in seiner Jugend als Schauspieler versuchte, es aber nur
zum Tritagonisten brachte.[249] Als er auf einer attischen Provinzbühne

[245] Maßgeblich für diese Entwicklung war der Ehrgeiz vieler Gemeinden,
ihre lokalen Feste zu überregionaler Bedeutung zu erheben. Ein übriges taten
Alexander (Plut. Alex. 29) und die Diadochen, vgl. K. Schneider Sp. 222 f.
[246] Pickard-Cambridge, Festivals S. 279 m. Anm. 2; H. Bulle in: Festschr.
J. Loeb, München 1930, S. 9; vgl. auch Plut. Alex. 10, 2.
[247] T. B. L. Webster, Hermes 82 (1954), S. 295 ff.
[248] Wir besitzen Tragikerpapyri aus hellenistischer Zeit, in denen die
Chorlieder durch die Notiz χοροῦ μέλος ersetzt sind, so GrLitPap 28 Page;
W. Barrett, Euripides Hippolytos, Oxford 1964, S. 438. — Die Reduktion
auf die Sprechpartien wird später zur Regel (Dio Chrys. 19, 5).
[248a] B. Gentili, Theatrical Performances in the Ancient World, Amsterdam
1979, Kap. I.
[249] Der Tritagonist trug mit der Vielzahl seiner kleinen Rollen die Haupt-

die Rolle des Sophokleischen Oinomaos spielte und dabei während der Verfolgung des Pelops so schwer stürzte, daß er vom Boden aufgehoben werden mußte, erntete er bitteren Hohn.[250] Er kehrte der Bühne den Rücken, nicht ohne für seine künftige Karriere als Redner wesentlich profitiert zu haben. — In den pseudo-aristotelischen ›Problemata‹ wird die Frage aufgeworfen,[251] warum es unter den dionysischen Künstlern so viele schlechte Menschen gebe, und damit beantwortet, daß der Zwang, sich den Lebensunterhalt zu verschaffen, sie daran hindere, zur Weisheit zu gelangen; sie lebten bald in Unmäßigkeit, bald in größter Armut, beides aber verführe den Menschen zum Schlechten.

Diese unleugbar vorhandenen Gefährdungen des Schauspielerstandes wurden mit großem Geschick und endgültig gebannt, als sich zu Beginn des 3. Jh.s in Athen sämtliche an den Dionysien beteiligten Künstler (und zwar aller Sparten: der Epenrezitation, der Chorlyrik und des Dramas; zu letzteren zählten sowohl die Schauspieler als auch die Dichter, die Musiker und das technische Personal) zu einer Gilde zusammenschlossen, der sog. Vereinigung dionysischer Techniten.[252] Das Beispiel machte in der griechischsprechenden Welt alsbald Schule, ein isthmisch-nemeischer Technitenverein entstand etwa gleichzeitig, Gründungen in Jonien (mit dem Zentrum in Teos) und Ägypten folgten, so daß in hellenistischer und römischer Zeit der künstlerische Betrieb von wenigen Zentren aus bestimmt wurde.

Die durch feste Satzungen organisierten Technitengilden sicherten ihren Mitgliedern nicht nur mannigfache Privilegien,[253] sondern stellten an sie auch hohe künstlerische Anforderungen, so daß die Schauspielkunst sich auf beachtlichem Niveau halten konnte. Sie trugen viel zur

last einer Aufführung. Meist mußte er härter arbeiten als der Protagonist — doch der war der Star, und nur ihm fiel der Preis zu. So konnte es geschehen, daß die Bezeichnung Tritagonist als leicht abwertend empfunden wurde.
[250] Anon. Vita Aeschin. 7; Dem. 18, 180; dazu A. Schäfer, Demosthenes und seine Zeit I, Leipzig 1885 (Repr. Hildesheim 1965), S. 238 ff. — Zum Hinstürzen eines Schauspielers auf der Bühne und der Reaktion der Zuschauer vgl. auch Luc. Gall. 26, s. u. Anm. 318.
[251] Ps. Arist. Probl. 30, 10.
[252] O. Lüders, Die dionysischen Künstler, Berlin 1873; F. Poland, RE V A 2 (1934), Sp. 2473—2558, s. v. Technitai; Pickard-Cambridge, Festivals S. 279—305; G. Sifakis, Hellenistic Drama, London 1967, bes. S. 19 ff., 99 ff., 136 ff.
[253] G. Sifakis S. 99—105.

Verbreitung und Erhaltung der dramatischen Literatur bei und bewirkten, daß die äußere Form der Agone sich regional kaum unterschied
und auch keine sprunghaften Änderungen erfuhr. An ihrer Spitze stand
gewöhnlich der Dionysospriester;[254] der religiöse Charakter der Aufführungen blieb mithin gewahrt, obwohl sich jetzt die verschieden-
artigsten Feste mit szenischen Agonen schmückten. Das hervorste-
chende Merkmal der Techniten war ihre Frömmigkeit, besondere
Verehrung erwiesen sie dem Dionysos, den Musen und dem pythischen
Apoll. Sie richteten auch die Opfer aus und ordneten die Prozessionen,
bei denen sie selbst nicht weniger prunkvoll in Erscheinung traten als
seinerzeit die Choregen in Athen. Dem gesellschaftlichen Zusammen-
halt dienten gemeinsame Mähler und Symposien.

Wie lange die Gilden ihre Selbständigkeit bewahren konnten, wissen
wir nicht. Im 2. Jh. brach ein anhaltender Kompetenzstreit zwischen
den Athenern und den Isthmiern aus, der von den Römern geschlichtet
werden mußte, was vermutlich nicht ohne Auswirkungen auf die
innere Struktur der Vereine blieb. Im ganzen waren die Römer ihnen
durchaus freundlich gesonnen.[255] In der frühen Kaiserzeit hören wir von
einem das ganze Reich umfassenden Verband mit dem Mittelpunkt
Rom; dieser erreichte unter den Antoninen den Höhepunkt seines
Ansehens. Die letzten inschriftlichen Erwähnungen fallen in das
ausgehende 3. Jh. n. Chr.

Anzahl der Schauspieler

Den Tragikern standen, wie wir hörten, zunächst 2, dann höchstens
3 Schauspieler zur Verfügung. Wer sich vergegenwärtigt, welch hohe
Bedeutung die Athener dem agonalen Element beimaßen, wird das
Prinzip gleicher Bedingungen für alle am Wettkampf Beteiligten nicht
gering veranschlagen und von vornherein ausschließen, daß der Archon
etwa Ausnahmen zugelassen und dem einen Dichter 3, dem anderen
aber 4 Spieler zugebilligt hätte. Aus der Beschränkung ergeben sich
einige bemerkenswerte Konsequenzen:

(1) Über die Anzahl der Personen insgesamt, die in einem Stück
auftreten, ist damit natürlich nichts gesagt. Alle Tragödien enthalten
mehr als nur 3 Rollen, die ›Antigone‹ z. B. 7, die ›Phoinissen‹ sogar 11.

---

[254] F. Poland, Sp. 2529 f.; Pickard-Cambridge, Festivals S. 303.
[255] L. Mummius ließ i. J. 145 griechische Theaterspiele in Rom aufführen,
vgl. S. 108 mit Anm. 5.

Also mußte der einzelne Schauspieler mehrere, u. U. sehr verschiedenartige Rollen übernehmen. Berechnungen zumal für die personenreichen
späten Tragödien des Euripides kommen bis auf 7 (›Orest‹) für den 3.
Schauspieler.[256] Man muß von modernen Theatererfahrungen absehen
und bedenken, daß ja mit Masken gespielt wurde, dann verliert diese
Regelung ihre Anstößigkeit.

(2) Weil der Dichter nur 3 Schauspieler zur Verfügung hatte, konnte
er niemals mehr als 3 sprechende Personen zugleich auftreten lassen.
In der Szenenführung stellte demnach ein Dreigespräch das Äußerste
an dramatischer Möglichkeit dar. Im Hinblick auf die als stilistische
Tugend stets geforderte Deutlichkeit ist das kein Nachteil; die über-
wiegende Mehrheit der Tragödienszenen besteht sogar nur aus Zwei-
gesprächen, weil in ihnen divergierende Standpunkte am klarsten und
schärfsten zum Ausdruck gebracht werden können. Dreigespräche werden tatsächlich weit seltener realisiert, als sie theoretisch möglich wären.
Sobald aber ein Vierter zugegen ist, bleibt dieser stumm oder beschränkt sich auf wenige Worte, d. h. es handelt sich bei ihm um eine
zusätzlich eingeführte Person, ein sog. Parachoregema.[257] Mit der
Einhaltung der Regel, daß nicht mehr als 3 Personen zugleich sprechen
dürfen,[258] hängt es zusammen, daß bisweilen selbst wichtige Figuren
über eine oder mehrere Szenen hin schweigen, ohne daß dies aus dramatischen Gründen notwendig wäre. Es geschieht vielmehr, weil der
betreffende Schauspieler für eine andere Figur benötigt wird; in der
Zwischenzeit wird die Rolle, die er bisher verkörperte, durch eine
stumme Person besetzt.[259]

(3) Am bemerkenswertesten erscheint uns Heutigen wohl der Umstand, daß man nicht selten genötigt war, ein und dieselbe Rolle auf
2, wo nicht gar 3 Sprecher zu verteilen. Auch das war technisch nur
durchführbar, weil man mit Masken spielte. Trotzdem ergaben sich
Probleme, denn man mußte nicht nur Unterschiede in der Stimmlage

---

[256] K. Joerden, Zur Bedeutung des Außer- und Hinterszenischen, in: Bauformen der Tragödie, München 1971, S. 402.

[257] Vgl. S. 33 f.

[258] „Nec quarta loqui persona laboret", Horaz, AP 192; vgl. Cic. ad Att.
13, 19, 3.

[259] So z. B. Ismene im ›Ödipus auf Kolonos‹ des Sophokles (1096—1689).
Über die besonderen dramaturgischen Probleme dieses Stücks vgl. E. B.
Ceadel, CQ 35 (1941), S. 139—147; Pickard-Cambridge, Festivals S. 142
bis 144; H. W. Schmidt, Das Spätwerk des Sophokles, Diss. (masch.) Tübingen 1961, S. 152 ff.

nach Möglichkeit vermeiden, sondern auch Maske und Kostüm für Personen von gegebenenfalls verschiedener Statur passend herstellen. Was für die Tragödie gesagt wurde, gilt ebenso für das mit ihr verwandte Satyrspiel. Das einzige uns vollständig erhaltene Stück dieses Genres, der ›Kyklop‹ des Euripides, erfordert tatsächlich 3 Schauspieler, und das gestattet auch für die Fragmente einigermaßen sichere Verallgemeinerungen.[260]

Anders verhielt es sich mit der Alten Komödie. Der Byzantiner Tzetzes berichtet, hinsichtlich der Anzahl beteiligter Personen sei man ursprünglich nach Willkür verfahren, bis Kratinos auch hier eine Beschränkung auf 3 eingeführt habe. Diese Notiz findet in den Komödien des Aristophanes keine Bestätigung. Rein rechnerisch käme man bestenfalls mit 4 Schauspielern aus, müßte dabei aber Gewaltlösungen in Kauf nehmen.[261] Die Eingangsszene der ›Acharner‹ kann sinnvoll nur von 5 Spielern realisiert werden,[262] und die 22 Rollen der ›Vögel‹ verlangen eine gewisse Variationsbreite an Stimmen, die von 4 Spielern kaum aufgebracht wird. Einigkeit der Beurteilung ist auf diesem Gebiet schwer zu erzielen. Die Dogmatiker schwören auf die Macht der Tradition, die von der Tragödie etabliert worden sei; ihre Gegner führen ins Feld, daß die Archaia aufgrund ihrer Herkunft aus einem Stegreifspiel lockerer strukturiert sei als die Tragödie und darum die Schauspielerzahl nicht streng zu begrenzen brauche. Die Zahl der größeren Rollen beläuft sich in der Regel auf 5—7, und wir möchten darum für ebenso viele Schauspieler plädieren. Das erfährt eine gewisse Bestätigung durch zwei Gruppen von jeweils 7 Terrakotta-Statuetten im Besitz des Metropolitan Museums, die vermutlich die Rollenbesetzung zweier Stücke der Mittleren Komödie repräsentieren.[263]

Die Neue Komödie Menanders steht in der ungebrochenen Tradition des komischen Spiels in Athen und lehnt sich zugleich eng an die Tragödie des Euripides an. Die bunte Vielfalt an Figuren und Szenen ist dahin, in den Mittelpunkt des Interesses rückt statt dessen die Schil-

[260] Die ›Netzfischer‹ des Aischylos setzen drei Schauspieler voraus (vgl. H. Lloyd-Jones in: Aeschylus II, Loeb Class. Library, S. 535, Anm. 1) und stammen demnach aus der letzten Schaffensperiode; die ›Spürhunde‹ des Sophokles scheinen sogar mit zweien auszukommen (A. M. Dale, Euripides Alcestis, Oxford 1954, S. XIX). — Drei Schauspieler in einem Satyrspiel
T IV vermutlich um Hesione zeigt der sog. Pronomos-Krater (vgl. S. 97).

[261] A. Körte, RE XI, 2 (1922), Sp. 1650, s. v. Kratinos; Schmid-Stählin, GGL I, 4, München 1946, S. 52.

[262] K. J. Dover, Aristophanic Comedy, London 1972, S. 82 f.

[263] Bieber, History S. 45 ff. m. Abb.

derung lebensnaher Charaktere. Monolog und Dialog sind die bevor-
zugten Mittel dichterischer Gestaltung, Dreigespräche bilden (wie in T X,
der Tragödie) die Ausnahme und lassen sich nicht selten auf Dialoge 1 u. 2
mit einigen Einwürfen von seiten des Dritten zurückführen,[264] und nur
ganz wenige kurze Szenen benötigen 4 Sprecher.[265]

Bei der Frage nach der Schauspielerzahl muß man zwei Dinge aus-
einanderhalten. Einerseits herrscht Ökonomie in der Anlage des Ganzen, und die Gesamtzahl der Rollen reduziert sich auf das in der Tragödie übliche Maß. Andererseits aber ist es wenig glaubhaft, daß
Menander (oder einer seiner Vorgänger) mit der Übernahme der für
die Tragödie obligaten Dreizahl von Schauspielern sich freiwillig auch
eine formale Beschränkung auferlegt hätte, die die Komödie ursprünglich gar nicht besaß — und das gerade zu einer Zeit, da sie über ein
bloßes Typenspiel hinauszuwachsen begann. Menanders psychologisch
feine Kunst der Charakterisierung macht es sehr unwahrscheinlich, daß
ein und dieselbe Rolle auf verschiedene Schauspieler aufgeteilt wurde.
Die Neue Komödie wird man sich also am ehesten von 5—7 Spielern
aufgeführt denken.[266]

Frauen- und Kinderrollen

Alle Frauenrollen wurden von Männern gespielt. Eine solche Beschränkung ergab sich zwangsläufig, weil wegen des kultischen Charak-

[264] H.-D. Blume, Menanders ›Samia‹, Darmstadt 1974, S. 180 f.

[265] Pickard-Cambridge, Festivals S. 155; H.-D. Blume S. 34 Anm. 58.

[266] Gegen die Annahme einer Drei-Schauspieler-Regel für Menander
argumentieren A. Körte, RE XV, 1 (1931), Sp. 756, s. v. Menandros; K.
Schneider, RE Suppl. 8 (1956), Sp. 193, s. v. ὑποκριτής; H.-J. Mette, Lustrum
10 (1965), S. 35, 114 f. und Lustrum 16 (1971/2, ersch. 1974), S. 29; H.-D.
Blume, Menanders ›Samia‹ S. 34 Anm. 58, vgl. auch N. C. Hourmouziades,
GRBS 14 (1973), S. 179 ff. — Gleichwohl wird die Beschränkung auf drei
Schauspieler auch in der Nea immer wieder von maßgeblichen Kritikern
gefordert, so von E. W. Handley, The ›Dyskolos‹ of Menander, London
1965, S. 25—30; G. M. Sifakis, Hellenistic Drama S. 74 f.; K. Gaiser, Zur
Eigenart der römischen Komödie, ANRW I, 2 (Berlin 1972), S. 1037 f.
Anm. 39; F. H. Sandbach, Menander, A Commentary, Oxford 1973, S. 16
bis 19; ders., Menander and the Three-Actor-Rule, in: Hommages Préaux,
Brüssel 1975, S. 197—204. — Tatsächlich bezeugen uns die delphischen
Soterien-Inschriften aus der Mitte des 3. Jh.s (z. B. Dittenberger, Sylloge,
3. Aufl., S. 424), daß die aufführenden Technitentruppen nur über jeweils
drei Schauspieler verfügten. Damit aber ist nicht bewiesen, daß Menander
in Athen ebenso verfahren war.

ters der Aufführungen nur Freigeborene für den Schauspielberuf in
Frage kamen, Frauen der sozialen Oberschicht jedoch in Athen nicht
öffentlich auftreten durften. So war man seit jeher daran gewöhnt, im
Theater nur Männerstimmen zu hören und hat sich nicht daran gestoßen, daß der gleiche Spieler nebeneinander Männer- und Frauenrollen spielte.[267] Die hochentwickelte Schauspielkunst des 4. Jh.s brachte
dann sogar Spezialisten für Frauenrollen hervor.[268]

Aristophanes, der die Konventionen des Theaters gern hervorhebt
und mit ihnen spielt, hat sich auch die Ambivalenz der Frauengestalten
auf der Bühne zunutze gemacht. So proben in der ›Weibervolksversammlung‹ die Frauen des Chores nicht ohne komisches Mißgeschick die
Rollen von Männern, um dann in deren Kleidern in die Volksversammlung zu gehen und dort Beschlüsse durchzubringen, denen zufolge
die Macht im Staat sofort auf die Frauen überzugehen habe. Männliche
Choreuten spielen also Frauen, die als Männer erscheinen wollen. Wem
fiele hier nicht die Parallele zu den berühmten Hosenrollen Shakespeares ein, vor allem zur Rosalinde in ›Wie es euch gefällt‹, die über
weite Strecken des Stückes hin als verkleideter Jüngling („Ganymed")
auftritt, der von dem verliebten Orlando spielerisch verlangt, daß er
in ihm seine vermeintlich ferne Geliebte sieht — kurz: Rosalinde spielt
einen Ganymed, der wiederum Rosalinde spielt —? Und eben diese
Rolle wurde im elisabethanischen Theater von einem Knaben (nicht
von einem Mann) verkörpert! Man bewundert die Kunst Shakespeares,
der die technische Beschränkung seinem komischen Thema unmittelbar
zugute kommen ließ und in der Anlage der Frauenrolle die darstelle-
rischen Möglichkeiten seines jugendlichen Spielers in Rechnung gestellt hat. Zugleich aber wird — das hat Jan Kott in seinem einfluß-
reichen Buch dargestellt[269] — die Vieldeutigkeit der erotischen Beziehungen zu einem Grundakkord dieser Komödie.

In der Neuen Komödie ist die Liebe zu einem beherrschenden Thema

---

[267] In der ›Elektra‹ des Sophokles übernimmt der Protagonist die Titel-
rolle, der 2. Spieler den Orest und die Klytaimestra, der 3. den Pädagogen
und Aigisth. Die Rolle der Chrysothemis kann sowohl dem 2. als auch dem
3. zugewiesen werden; der letztere hätte dann sogar den Pädagogen und die
Chrysothemis in verschränkter Szenenfolge zu spielen!

[268] So vor allem Theodoros, vgl. E. Diehl, RE V A 2 (1934), Sp. 1808 f.,
s. v. Theodoros (i6); K. Schneider, RE Suppl. 8 (1956), Sp. 217, s. v. ὑποκριτής.

[269] Jan Kott, Shakespeare heute, München 1970, S. 236—290 (Kap.:
„Bitteres Arkadien").

geworden, trotzdem treten junge Mädchen bei Menander verhältnismäßig selten in Erscheinung. Ganz läßt sich das aus den gesellschaftlichen Konventionen nicht erklären, vielmehr wirkt sich die Besetzung der Frauenrollen durch Männer auf die Darstellung von Liebesszenen aus: Es scheint auf seiten des Dichters eine gewisse Scheu zu bestehen, die Begegnung zweier Liebender ausführlich darzustellen. — Selbst eine so grobsinnliche Szene wie diejenige zwischen Myrrhine und Kinesias in der ›Lysistrate‹ des Aristophanes wirkt „gespielter" und distanzierter, wenn man sich vorstellt, daß dort zwei Männer agieren.

Was für die Sprechrollen gilt, trifft selbstverständlich auch für die stummen Personen zu. Wenn die Aristophanes-Scholien wiederholt davon sprechen, daß Hetären im Theater nackt aufgetreten seien, so findet das weder in den Texten noch in Zeugnissen von Zeitgenossen eine Bestätigung. Man braucht sich nur vor Augen zu halten, daß die Aufführungen im Februar/März unter freiem Himmel stattfanden, um die Unhaltbarkeit der Hypothese zu durchschauen. Rollen wie die der Opora und Theoria im ›Frieden‹ oder die der Prokne und Basileia in den ›Vögeln‹ wurden nicht von nackten Hetären, sondern von entsprechend ausstaffierten männlichen Statisten gespielt.[270]

Demgegenüber konnten Kinder nicht von erwachsenen Schauspielern dargestellt werden. Die Dichter haben die Konsequenzen wohl bedacht und Kinder bevorzugt als Statisten eingesetzt.[271] Aber selbst in solchen Fällen, wo sie an der Handlung unmittelbar teilhaben, bleiben sie möglichst lange stumm oder beschränken sich auf wenige Sätze. So treten Medeas Kinder mehrfach auf, ohne ein Wort zu äußern, und erst wenn sie im Innern des Hauses ermordet werden, dringen ihre Hilferufe nach außen (1271 ff.). Einige Male haben Kinder bei Euripides kurze Partien zu singen: In der ›Alkestis‹ beklagen sie den Tod der Mutter, in der ›Andromache‹ singen Mutter und Sohn im Wechsel ein Klagelied.[272] Die Ansicht, daß hier die Kinder stumm auf der Bühne agieren, während einer der Schauspieler ihre Verse hinter der Skene

[270] K. Holzinger, Sitzungsber. Öst. Akad. Wiss. 208/5 (Wien 1928), S. 52 f., vgl. H. Herter, JAC 3 (1960), S. 98.
[271] Auffällig ist Euripides' Vorliebe für rührende Kinderszenen. — H. Devrient, Das Kind auf der antiken Bühne, Jahresber. Gymn. Weimar 1904; R. Kassel, Quomodo quibus locis apud veteres scriptores Graecos infantes . . . inducantur, Diss. Mainz 1951 (Würzburg 1954), S. 36 ff.; S. Melchinger, Theater der Tragödie S. 174 f.
[272] Eur. Alc. 393 ff., Andr. 501 ff.

singt, findet kaum noch Befürworter, statt dessen nimmt man für sie meist einen Extrapart (Parachoregema) an.[273]

Masken

In allen drei dramatischen Gattungen trugen die Schauspieler ebenso wie die Mitglieder des Chores Masken.[274] Der Brauch der Maskierung, der tief im Glauben verwurzelt ist und wesentlich älter als die dramatischen Agone, läßt sich mit dem Kult des Dionysos gut in Einklang bringen, denn gerade das Aufgeben der eigenen, individuellen Persönlichkeit (die Ekstasis) kennzeichnet die Gefolgschaft dieses Gottes. Wir wissen von schwarzfigurigen Vasenmalereien des 6. Jh.s, daß die Teilnehmer an einem Komos zu Ehren des Dionysos als Tiere maskiert auftraten; einen Nachklang davon hat die aristophanische Komödie bewahrt. Der Gott selbst wurde sogar in Gestalt einer an einem Pfahl befestigten Maske verehrt,[275] wie wir es auf den sog. Lenäenvasen sehen.[276]

Was die Maske beim Theaterspiel betrifft, so hätte, um die eigene Persönlichkeit hinter der zu verkörpernden Rolle zurücktreten zu lassen, an sich der Gebrauch von Schminke genügt. Tatsächlich ist von Thespis überliefert, daß er sich zunächst nur das Gesicht bemalte — sei es mit Bleiweiß, sei es mit Weinhefe;[277] später habe er anstelle der

---

[273] A. M. Dale, Euripides Alcestis, Oxford 1954, S. XIX f. u. 85 schlägt sogar vor, daß der Protagonist (d. h. die soeben gestorbene Alkestis) den Part der Kinder auf der Bühne singt. — Für zusätzliche Kinderrollen plädieren u. a. P. T. Stevens, Euripides Andromache, Oxford 1971, zu v. 504; S. Melchinger S. 175.

[274] M. Bieber, RE XIV, 2 (1930), Sp. 2072—2105, s. v. Maske (Theater); vgl. auch K. Meuli, Handwörterbuch des deutschen Aberglaubens V (1932/3), 1744 ff.

[275] W. Wrede, Der Maskengott, MDAI (A) 53 (1928), S. 66—95; H. Luschey, Dionysosmasken, in: Ganymed, Heidelberg 1949, S. 64—70. Vgl. M. P. Nilsson, Geschichte der griechischen Religion I, München 1955, S. 571 f.

[276] Vgl. S. 27.

[277] Die antiken Nachrichten über Thespis bei B. Snell, TrGF I, Göttingen 1971, S. 61—64; Pickard-Cambridge, Dithyramb S. 69—89 (zur Maske S. 71, 79 f.). — Von Bleiweiß spricht das Suda-Lexikon s. v. Thespis, für Weinhefe (τρύξ, lat. faex) ist Horaz (AP 277) ein wichtiger Zeuge. Einige Grammatiker (z. B. Anon. De com. 1, S. 7 Kaibel) nahmen das Witzwort des Aristophanes von der „Trygodia" (Ach. 499 f.; Vesp. 650, 1537) ernst, sahen darin einen alten Terminus für die Komödie und erklärten ihn ebenfalls aus einer ursprünglichen Bemalung mit Hefe.

Bemalung eine einfache Leinenmaske verwendet. Wir können uns diese Neuerung gut erklären: Als Spieler mußte er nacheinander mehrere Rollen verkörpern, und oft blieb ihm wenig Zeit zum Umkleiden, da liegt der Vorteil einer Maske auf der Hand. Stellt man obendrein in Rechnung, daß die Tragödie keine Individuen schilderte, so erweist sich der Verzicht auf ein differenziertes Mienenspiel nicht als ein Handicap. Es bedurfte vielmehr eines Gesichtsausdrucks, der die charakteristischen Merkmale einer Person deutlich hervorhob. Unter diesem Aspekt kann es nicht verwundern, wenn die ursprünglich für den Kult geschaffene Maske vom Theater aufgegriffen und weiterentwickelt wurde.

Im Laufe der Jahrhunderte tendierte die Entwicklung des Dramas und erst recht die der schauspielerischen Darbietung auf einen psychologischen Realismus hin, so daß die Maske — den im griechischen Drama wirksamen konservativen Tendenzen zum Trotz — als ein archaisches Relikt eines Tages hätte abgestreift werden können. Warum dies indessen nicht geschehen ist, können wir mit einiger Sicherheit sagen: Durch den fortschreitenden Ausbau des Theaters und vollends seit Bestehen einer Proskeniumsbühne waren die optischen Verhältnisse immer ungünstiger geworden;[278] da erwiesen sich die Masken als ein unentbehrliches Hilfsmittel zur Sichtbarmachung. Erst jetzt erhielten sie ihr starres, furchterregendes Aussehen, die aufgerissenen Münder und Augen, die manchen modernen Betrachter in Erstaunen versetzen, weil sie so wenig zum vergleichsweise verhaltenen Charakter der überlieferten Dramentexte passen.

Die Theatermasken bestanden aus Leinwand, die mit Gips oder Kleister gesteift und anschließend bemalt wurde: Männer waren durch einen dunkleren, Frauen durch einen hellen Teint gekennzeichnet. Die Maske bedeckte wie ein Visierhelm den ganzen Kopf und wurde mit Filzstreifen oder Lederriemen unter dem Kinn befestigt. Die mit der Gesichtsmaske verbundene Perücke bestand vermutlich aus Wolle. Wegen der vergänglichen Materialien hat sich natürlich kein Originalstück erhalten. Da auch den Texten nur wenig verläßliche Angaben über Masken zu entnehmen sind, bilden die Vasenmalereien unsere beste Informationsquelle. Aus späterer Zeit kommen noch in Marmor, Terrakotta oder Metall gearbeitete dekorative Masken hinzu,[279] sowie Wandgemälde und Mosaiken.

[278] Vgl. S. 52 und 57 f.

[279] Der Ausgangspunkt ist vielleicht der, daß siegreiche Schauspieler ihre Masken dem Dionysos zu weihen pflegten (Ar. Frg. 131), vgl. M. Bieber, JDAI 32 (1917), S. 95 Anm. 2. — Im Satyrspiel ›Isthmiastai‹ des Aischylos nagelte der Satyrchor Masken an die Tempelwand.

Die älteste erhaltene Darstellung tragischer Masken geht auf den Beginn des 5. Jh.s zurück, sie findet sich auf einem rotfigurigen attischen Krater, der in Basel aufbewahrt wird.[280] Abgebildet sind sechs Choreuten, bei denen man fast übersehen könnte, daß es sich um Maskierte handelt, wären nicht in der Zeichnung die Kinnlinien besonders deutlich hervorgehoben. Die Münder der Masken sind nur wenig geöffnet, der Gesichtsausdruck ist ruhig und verhalten; er läßt jegliche „maskenhafte Starre" vermissen. — Die wenigen weiteren Fundstücke aus der Zeit vor dem Ende des 5. Jh.s bestätigen diesen Eindruck.[281]

T V

Fast unmerklich ändert sich dann die tragische Maske: Der Ausdruck wird im ganzen pathetischer, erregter, vor allem weitet sich die Mundöffnung. Im ausgehenden 4. Jh. konnte man schon den Gegensatz zwischen der Theatermaske und dem Individuum des Schauspielers direkt zum Gegenstand der Darstellung erheben: Auf einer (italisch beeinflußten?) Scherbe aus Tarent kontrastiert wirkungsvoll ein älterer, realistisch gezeichneter Schauspieler mit der Größe der königlichen Rolle, die er nach Ausweis seiner Maske dargestellt hat.[282] Etwa in der Zeit des Lykurg,[283] spätestens aber im 3. Jh. beginnt schließlich ein tragischer Maskentypus mit hohem, bogenförmigem Haaraufsatz (dem sog. Onkos) über der Stirn sich herauszubilden, der die weiteren Vorstellungen von antiken Masken nachhaltig geprägt hat. Diese Masken verleihen ihren Trägern einerseits Würde und Altertümlichkeit, indem sie sie als Heroen, als Wesen einer längst vergangenen Zeit kennzeichnen, und erwecken andererseits den Eindruck einer starren Schrecklichkeit. Sie bringen durch die aufgetürmte Frisur und die seitlich herabfallenden Haarmassen optisch zum Ausdruck, was auch das Emporheben des Spiels auf die Proskeniumsbühne deutlich macht: die Distanz zwischen den dargestellten Mythen und der Wirklichkeit des Zuschaueralltags. Die Dreidimensionalität der alten Maske ist zugunsten der Vorderansicht aufgehoben, denn die schmale Bühne zwingt den Spieler dazu, dem Zuschauer frontal gegenüberzustehen. — Anders der Chor: Er braucht die Onkos-Maske nicht, weil er seinen angestammten Platz,

T VI

T XIV,
1

---

[280] H. Froning, Dithyrambos und Vasenmalerei, Würzburg 1971, S. 23 ff.; E. Simon, Das antike Theater, Heidelberg 1972, S. 16 ff. m. Taf. 2.

[281] Pickard-Cambridge, Festivals S. 180 ff.; K. Schauenburg, A & A 13 (1967), S. 6 f.

[282] S. u. S. 98; E. Simon Taf. 4, 3; H. Bulle, Von griechischen Schauspielern und Vasenmalern, in: Festschr. J. Loeb, München 1930, S. 10 ff.; P. Ghiron-Bistagne, a. a. O. (Anm. 234), Titelbild.

[283] T. B. L. Webster, Greek Theatre Production S. 43 f.

die Orchestra, beibehält. So werden die unheroischen Choreuten jetzt auch äußerlich von den eigentlichen Trägern der Handlung abgesetzt.

Es liegt im Wesen der Maske, daß sie die Vielfalt der menschlichen Physiognomie auf wenige charakteristische Züge reduziert und eine gewisse Anzahl von Typen herausbildet. Leider fehlen uns Nachrichten darüber, wann diese Entwicklung einsetzte,[284] doch wird dies bereits im 5. Jh. geschehen sein, denn eine zumindest im Ansatz durchgeführte Typisierung nach Alter, Stand und Charakter erleichtert dem Zuschauer das Verständnis. Julius Pollux (2. Jh. n. Chr.) hat uns in seinem Lexikon einen Katalog der Maskentypen erhalten;[285] er nennt insgesamt 76 verschiedene Masken: 28 tragische, 44 komische und 4 satyrhafte. Die Anordnung erfolgt jeweils in 4 Gruppen: Alte Männer — junge Männer — männliche Sklaven — Frauen, wobei wiederum stets die ältesten zuerst genannt werden. Die wichtigsten Unterscheidungsmerkmale sind Haartracht und -farbe, Bartwuchs und Gesichtsfarbe, sowie Form und Beschaffenheit des Gesichts und mimischer Ausdruck zumal der Brauen und der Mundpartie. Als literarische Quelle des Pollux kommt nur ein alexandrinischer Gelehrter in Frage, zugrunde liegt demnach die Theaterpraxis des 3. Jh.s v. Chr.: Solche Masken wurden bei den Wiederaufführungen der Klassiker verwendet. T. B. L. Webster hat mit Hilfe weiteren Bildmaterials Rückschlüsse auf die Gegebenheiten auch des 4. und 5. Jh.s gewagt,[286] aber das bleibt hypothetisch, solange wir über die entscheidende Entwicklung von der individuellen zur typischen Maske nichts Genaueres wissen.

Aus der Tatsache, daß der einmal gewählte Maskentypus eine Figur von Anfang an festlegt, ergeben sich für die Darstellung Schwierigkeiten. Anläßlich momentaner Stimmungsänderungen oder jäher Gefühlsausbrüche mußte nämlich der Zwiespalt deutlich werden, der zwischen dem starren Maskenausdruck und dem an sich geforderten belebten Mienenspiel bestand und den es nach Möglichkeit zu verdecken galt. So lag es am nächsten, daß der Schauspieler sich entsprechend lebhafter Gebärden bediente, indem er sich abwendete oder sein Gesicht

---

[284] R. Löhrer, Mienenspiel und Maske in der griechischen Tragödie, Paderborn 1927, S. 3 ff.

[285] Poll. 4, 133—154; C. Robert, Die Masken der neueren attischen Komödie, 25. Hallisches Winckelmannsprogramm 1911; T. B. L. Webster, Notes on Pollux' List of Tragic Masks, in: Festschr. A. Rumpf, Krefeld 1952, S. 141—150; G. Krien, Der Ausdruck der antiken Theatermasken, JÖAI 42 (1955), S. 84—117.

[286] A. a. O., S. 150.

verhüllte. Zumal das letztere war dazu geeignet, Gefühle wie Schmerz, Trauer oder Scham darzustellen,[287] ja diese Gebärde scheint geradezu identisch zu sein mit dem Weinen, das sich anders nicht sichtbar machen ließ.[288]

Ein weiteres Mittel, das Fehlen mimischen Ausdrucks zu überbrücken, bestand darin, daß der Spieler aussprach, was er nicht darstellen konnte. So erklären sich die zahlreichen Hinweise auf Gefühlsäußerungen in unseren Texten, beispielsweise düsterer Blick, Verfärbung des Gesichts, Sträuben des Haars.

Bühnenfiguren, die während des Stücks ihr Augenlicht verlieren, erfordern zwei verschiedene Masken, so der Ödipus, der Polymestor in der ›Hekabe‹ und vielleicht auch der Kyklop Polyphem.[289] Ob dergleichen auch gilt, wenn sich jemand zum Zeichen der Trauer die Haare abschneidet? Am ehesten träfe dies auf die Helena des Euripides zu, die ihren Vorsatz bekanntgibt und bei der Rückkehr auf die Bühne ausdrücklich auf ihr verändertes Aussehen angesprochen wird.[290] In der Schlußszene der ›Ritter‹ trägt der auf wunderbare Weise junggekochte Demos das altertümliche Festgewand und eine ebensolche Frisur (1331) — auch das spricht für einen Maskenwechsel. Im allgemeinen aber werden die Dichter mehr auf die Phantasie der Zuschauer als auf eine realistische Darstellung gesetzt haben, zumal da ein häufiges Verändern der Maske einer Aufhebung der Maskierung nahegekommen wäre.

Eine Erfindung nachklassischer Zeit ist die Ausbildung einer besonderen Maske mit zwei verschiedenen Gesichtshälften.[291] Die langge-

---

[287] Die Niobe des Aischylos saß bis etwa zur Mitte der Tragödie starr vor Schmerz, wortlos und verhüllt auf dem Grab ihrer Kinder (Ar. Ran. 911 ff.; Vita Aesch. 6). — In der ersten Dramatisierung des Hippolytosstoffes durch Euripides trug Phaidra sich selbst dem Stiefsohn an, worauf dieser aus Scham sein Haupt verhüllte (die Grammatiker nannten danach das Stück ›Hippolytos Kalyptomenos‹).

[288] A. Spitzbarth, Untersuchungen zur Spieltechnik der griechischen Tragödie, Winterthur 1945, S. 16 f., 90 f.

[289] Soph. OR 1297 ff.; Eur. Hec. 1056 ff., Cycl. 670; vgl. R. Löhrer, Mienenspiel und Maske S. 64, 124, 138. — Pollux 4, 141 nennt als eine Maske besonderer Gestaltung die des blinden Phineus.

[290] Eur. Hel. 1087 ff. und 1186 ff., vgl. R. Löhrer S. 97; Pickard-Cambridge, Festivals S. 173 f.

[291] Quint. XI, 3, 74; A. Lesky, Die Maske des Thamyris, Anz. Öst. Akad. Wiss. 1951/8, S. 101—110 (= Ges. Schriften, Bern 1966, S. 169 bis 175).

streckte Proskeniumsbühne ermöglichte es dem Schauspieler, ohne daß es allzusehr auffiel, ganze Szenen hindurch im Profil zu agieren und dem Publikum stets nur die eine Seite seiner Maske zuzukehren. Mußte er dann deren Ausdruck wandeln, brauchte er nur eine rasche Kehrtwendung zu machen.

Die Schauspieler des Satyrspiels trugen die Masken der Tragödie. Satyrmasken für die Choreuten sind uns in verhältnismäßig dichter Reihe seit dem 6. Jh. belegt.[292] Ihren Charakter — stumpfnasig, pferdeohrig, mit struppigem Haar und von roter Gesichtsfarbe — zeigt am besten der berühmte Neapler Pronomos-Krater.[293]   T IV

Für die Komödie des 5. Jh.s ist das archäologische Material leider besonders spärlich, denn die Vasenmaler lassen uns hier im Stich. Offenbar sahen sie in der Welt des Mythos, wie sie Tragödie und Satyrspiel repräsentierten, einen würdigeren und lohnenderen Gegenstand für ihre Kunst als in den karikierten Typen der von aktuellen Ereignissen inspirierten Komödie.

Die ältesten Komödienmasken sind aus nur wenigen Formenelementen zusammengesetzt und zeichnen sich durch grotesk asymmetrische Züge, vor allem durch ihren in die Breite gezogenen Mund aus, was ihnen einen Ausdruck dämonischen Grinsens verleiht. Trotzdem konnten sie sogar konträre Emotionen zum Ausdruck bringen: Lachen und Weinen, Zorn und ruhige Überlegenheit; der jeweilige Textzusammenhang, die Intonation und die Gestikulation ließen keinen Zweifel daran, was gemeint war.

Bekanntlich nahmen die Dichter der Alten Komödie aktuelle Tagesereignisse zum Anlaß ihrer Stücke und brachten viele Zeitgenossen auf die Bühne. Wie konnte das Publikum diese identifizieren? Ein Passus aus den ›Rittern‹ legt den Gebrauch von Portraitmasken nahe[294]: In diesem Stück wird der Athener Staat als ein privater Haushalt dargestellt, den ein neugekaufter Paphlagoniersklave (hinter dem sich der Politiker Kleon verbirgt) tyrannisiert. Zwei seiner Mitsklaven engagieren in ihrer Not einen Wursthändler, der den Eindringling an Schlechtigkeit übertreffen und so in der Gunst des Herrn Demos ausstechen soll. Er brauche keine Angst zu haben, so wird ihm zugeredet (230 ff.),

---

[292] H. Luschey, Komödien-Masken, in: Ganymed, Heidelberg 1949, S. 73.

[293] S. u. S. 97 mit Anm. 307.

[294] A. Müller, Lehrbuch der griechischen Bühnenalterthümer, Freiburg 1886, S. 281; M. Bieber, RE XIV, 2 (1930), Sp. 2087, s. v. Maske; zu den ›Rittern‹: M. Pohlenz, NGG 1952/5, S. 104 (= Kl. Schriften II, Hildesheim 1965, S. 520); vgl. auch L. Radermacher, Aristophanes' ›Frösche‹ (2. Aufl. Wien 1954) S. 33.

denn der Paphlagonier sei nicht nach dem Leben gezeichnet; keiner der Maskenbildner habe sich getraut, das zu tun.

Keine Portrait-Ähnlichkeit mit Kleon also — war das eine spektakuläre Ausnahme von einer sonst eingehaltenen Regel? Die Frage ist nicht leicht zu beantworten. Zwischen einer vergröbernden, auf wenige charakteristische Merkmale reduzierten Komödienmaske mit überdimensionalen Mund- und Augenöffnungen und einem individualisierenden Portrait liegt eine kaum zu überbrückende Kluft. So war der Maskenbildner einerseits an gewisse Grundelemente der Maske gebunden, andererseits fehlten ihm im 5. Jh. alle modischen Eigentümlichkeiten der Haar- und Barttracht als distinktive Merkmale für eine individuelle Gestaltung.

K. J. Dover hat darum mit Nachdruck geleugnet, daß in der Alten Komödie überhaupt jemals Portraitmasken verwendet worden seien.[295] Er erklärt die Stelle aus den ›Rittern‹ so, daß Aristophanes die Maske des Paphlagoniers so häßlich wie möglich herrichten ließ und im Text als komische Pointe unterstellte, das Abbild bleibe hinter der Wirklichkeit noch weit zurück. — Dovers Einwände machen auf die technischen Schwierigkeiten aufmerksam, die man aufgrund moderner Erfahrungen leicht übersieht, doch scheinen seine Schlußfolgerungen allzu rigoros. Eine naturgetreue Portraitierung lag gewiß außerhalb der Möglichkeiten eines Maskenbildners; aber ebenso wie er einen Herakles oder Dionysos erkennbar darstellen konnte, wird ihm das auch mit einem Sokrates oder Euripides gelungen sein. Zudem erleichterte der Text dem Publikum das Verständnis: Sobald man z. B. den Schlüsselcharakter der ›Ritter‹ einmal durchschaut hat — und das war nach der Vorstellung im Proagon jedermann möglich —, ist eine unbedingt realistische Maske nur noch von zweitrangiger Bedeutung. Andererseits — eine gewisse äußerliche Ähnlichkeit der Bühnenfigur mit dem Verspotteten erhöhte zweifellos das Vergnügen an der Sache. Der alte Kratinos brachte sich selbst auf die Bühne und rechtfertigte seinen Hang zu einem guten Schluck Wein und errang mit dieser Komödie (›Die Flasche‹) den Sieg über die ›Wolken‹ des Aristophanes. Wir meinen, daß der Maskenbauer die Phantasie der Zuschauer, so gut es eben ging, unterstützte.

[295] K. J. Dover, Portrait-Masks in Aristophanes, in: Komoidotragemata, Studies W. J. W. Koster, Amsterdam 1967, S. 16—28 (= Aristophanes, Darmstadt 1975, S. 155—169); ders., Aristophanic Comedy, London 1972, S. 28 f. — Ablehnend urteilte bereits W. Süß, Aristophanes und die Nachwelt, Leipzig 1911, S. 212.

Etwa um die Mitte des 4. Jh.s läßt sich eine deutliche Veränderung der komischen Masken beobachten. Es verschwinden die dämonischen Züge, und der monumentale Charakter weicht einem mehr intimen. Dadurch, daß sich immer zahlreichere Einzelzüge herausbilden, wird allmählich der Weg zu Charaktermasken beschritten, denen eine genaue T IX Kenntnis der Physiognomie zugrunde liegt. Das Maskenbild des Hellenismus wird einerseits von der aufblühenden Portraitkunst geprägt, andererseits scheint auch die psychologisch feine Charakterschilderung Menanders die Entwicklung beschleunigt zu haben.

Auch von den Masken her wird uns verständlich, daß . . . die Komödie unter Menander den Vorrang über die Tragödie gewonnen hat und nun imstande war, mehr als nur die groteske Seite des Lebens zu spiegeln.[296]

Daß die Neuartigkeit und Modernität dieser Komödienmasken größeres Interesse erweckte als die letztlich nur leicht modifizierten Tragödienmasken, sehen wir am hellenistischen Gewährsmann des Pollux: Die Komödienmasken überwiegen nicht nur zahlenmäßig, sondern erfahren auch eine ausführlichere Behandlung.[297]

Der im frühen Hellenismus einsetzende Trend zur psychologisch verfeinerten Charaktermaske markiert allerdings nicht den Endpunkt der Entwicklung. Der Hang der hellenistischen Kunst zu pathetischen, großen Formen, der auf der tragischen Bühne die Erhöhung des Kothurns und eine Übersteigerung des Maskenausdrucks durch den Onkos hervorbrachte, erfaßte auch die komischen Masken. Am auffälligsten sind die weit aufgerissenen Augen, die stark akzentuierten Brauen und vor allem die immer riesigeren Mundöffnungen. All dies hat schließlich seine Fortsetzung in den — späten — römischen Masken gefunden, T XIV, aus denen das Menschliche wiederum zugunsten des Dämonischen ge- 2 wichen ist.

Kostüme

Das griechische Alltagsgewand in klassischer Zeit ist der Chiton.[298] Er bestand aus einer einfachen rechteckigen Stoffbahn, wie man sie auf

---

[296] H. Luschey, Komödien-Masken S. 78.

[297] Zur Typologie: A. K. H. Simon, Comicae Tabellae, Emsdetten 1938, 43—141; zu den Sklavenmasken: T. B. L. Webster, JDAI 76 (1961/2), S. 100—110.

[298] M. Bieber, Griechische Kleidung, Berlin 1928 (Repr. 1977); dies., Entwicklungsgeschichte der griechischen Tracht, 2. Aufl. Berlin 1967; I. Brooke, Costume in Greek Classic Drama, London 1962 (Repr. 1973).

dem Webstuhl fertigte; beim Tragen wurde er mit Spangen über den Schultern zusammengehalten und dann mit Hilfe eines oder zweier Gürtel in beliebiger Länge drapiert. Er wurde von Männern wie von Frauen getragen. Dieser Chiton begegnet uns auch in der Tragödie: Mit einer Gewandfibel der Iokaste sticht Ödipus sich die Augen aus, und als Deianeira sich zu töten anschickt, löst sie das Gewand an ihrer Schulter.[299]

Daneben kennen wir von bildlichen Darstellungen — allerdings erst des ausgehenden 5. Jh.s — ein spezifisches Tragödienkostüm, das sich durch feierlichen Prunk vom Alltagsgewand stark unterscheidet. Das wohl auffallendste Merkmal sind seine langen, orientalischer Mode entsprechenden Ärmel, die eng um die Handgelenke schlossen. Es reichte dem Träger bis auf die Knöchel, ja schleppte wohl sogar auf dem Boden nach (Syrma).[300] An den Schultern war es zusammengenäht und vielleicht mit einem Band um den Hals zugezogen. Es bedeckte also den Körper nahezu vollständig, vor allem die Arme und Beine. Der Reichtum dieses Tragödienkostüms äußerte sich nicht im individuellen Zuschnitt, sondern in seiner Farbigkeit.[301] Die Vasenbilder belegen das aufs eindrucksvollste: Muster von augenfälliger Brillanz überziehen das ganze Gewand, geometrischer und figürlicher Dekor in starken Farbkontrasten verleihen jedem einzelnen sein charakteristisches Aussehen.

In der Antike schrieb man, wie so viele Neuerungen auf szenischem Gebiet, auch die Erfindung dieses prunkvollen Bühnenkostüms dem Aischylos zu.[302] In der modernen Forschung wurde viel über seine Herkunft gerätselt: Handelt es sich hier um das typische Gewand des

---

[299] Soph. OR 1268 ff., Trach. 924 ff. — Man spielte also grundsätzlich in zeitgenössischem (und nicht in historischem) Kostüm, obwohl die Tragödienhandlungen weit zurück im mythologischen Dunkel lagen. Demgegenüber wagte Hansgünther Heyme in seiner modellhaften Inszenierung der ›Sieben gegen Theben‹ und der ›Antigone‹ (Köln 1970) eine radikale Historisierung des dramatischen Geschehens, das er ins 2. Jtsd., in „die Endphase des Umbruchs von der prähistorisch-matriarchalischen Gesellschaft zum Patriarchat im hellenischen Raum" (Probenprotokolle) verlegte; konsequent kleidete er die Akteure in Leder und Bronze. Es gelang ihm mit Hilfe dieser Verfremdung eine Interpretation von erregender Aktualität.

[300] M. Bieber, RE IV A 2 (1932), Sp. 1786 f., s. v. Syrma; dies., Die Herkunft des tragischen Kostüms, JDAI 32 (1917), S. 17 ff.

[301] ποικίλον Poll. 4, 116; vgl. Eur. Andr. 148.

[302] Vita Aesch. 14; Hor. AP 278 und Porphyrio z. St.; vielleicht so schon Ar. Ran. 1061.

Dionysos[303] oder um die alte peisistratische Festtracht, oder ist es gar von den eleusinischen Priesterroben herzuleiten? Beweisen läßt sich von alledem nichts.[304] Iris Brooke hat wohl recht, wenn sie (analog zu dem, was oben zum Gebrauch der Masken bemerkt wurde) hinter der Ausbildung des spezifischen Tragödiengewandes primär Erfordernisse der Bühne vermutet. Das Tragen eines solchen, die ganze Gestalt bis auf die Hände verhüllenden Syrma kennzeichnete nicht nur den Träger als einen Heroen,[305] sondern es erleichterte dem Schauspieler auch die Aufgabe, eine Frauenrolle zu repräsentieren. Außerdem ließ es ihm genügend Bewegungsfreiheit und vermied doch einige Nachteile des normalen Chiton, der zwar bequem zu tragen war, wegen seiner verhältnismäßig großen Stoffülle aber leicht verrutschte und unansehnlich wirkte. Der Chiton erforderte stets sorgfältiges Drapieren und erwies sich darum als wenig praktikabel für ein Bühnenkostüm, das notfalls binnen weniger Augenblicke gewechselt werden mußte. So mag denn das prunkvolle Kostüm tatsächlich aus dem Bereich des Dionysoskults stammen und für die besonderen Bedürfnisse des Theaters übernommen bzw. weitergebildet sein. Das Festgewand der vornehmen Athener war es jedenfalls nicht; diese trugen bis zu den Perserkriegen einen weißen, langen, ärmellosen Chiton.[306]

Das mit der Tragödie verbundene Satyrspiel übernahm von dieser auch die Gewänder, wie der Pronomos-Krater beweist.[307] Hier tragen T IV nicht nur die Schauspieler das feierliche Syrma, sondern auch der besonders hervorgehobene Flötenspieler Pronomos.[308]

[303] M. Bieber, JDAI 32 (1917), S. 20 ff.

[304] A. Rumpf, BPhW 52 (1932), S. 209.

[305] Der unheroische Chor trägt hingegen einen mittellangen weißen Chiton, wie eine berühmte Bostoner Pelike aus phidiasischer Zeit beweist (E. Buschor in: Furtwängler-Reichhold, Griechische Vasenmalerei III, München 1932, S. 135); dem entspricht die fehlende Onkos-Maske der Choreuten.

[306] Thuc. 1, 6, 4.

[307] E. Buschor in: Furtwängler-Reichhold III, S. 132—150; Arias-Hirmer-Shefton, A History of Greek Vase Painting, London 1962, S. 377—380; F. Brommer, AA 1964, S. 109—114.

[308] So auch der Flötenspieler auf einem pompejanischen Mosaik aus dem „Haus des tragischen Dichters"; es zeigt die Einstudierung eines Satyrspiels (Datierung umstritten, wohl nach einem hellenistischen Original gearbeitet; Abb. bei Bieber, History S. 12). Die Hervorhebung des Flötenspielers entspricht seiner wachsenden Bedeutung für die Aufführung: Statt der dienenden Funktion eines musikalischen Begleiters übernimmt er seit dem Ende des 5. Jh.s immer mehr diejenige eines Virtuosen, ja er greift sogar mimisch ins Spiel ein (Arist. Poet. 26, 1461 b 29 ff.).

Im Laufe des 4. Jh.s scheint eine größere Vielfalt der Kostümformen möglich geworden zu sein. Wir sind, da uns literarische Zeugnisse fehlen, auf die wenigen bildlichen Darstellungen angewiesen, die der Zu-
T VII, fall erhalten hat. So zeigt einerseits die apulische „Medeavase" aus der
2 Münchner Sammlung,[309] daß neben das altehrwürdige, den Hauptdarstellern vorbehaltene Festkostüm auch einfachere Ärmelkleider mit buntem Saum traten; andererseits sehen wir auf der o. g. in Würzburg
T VI aufbewahrten Scherbe eines Kraters aus Tarent (um 330),[310] wie der Darsteller einer königlichen Rolle einen einfarbigen, kurzen, mit Fransen verzierten Chiton trägt. Gegen die mehrfach geäußerte Annahme, es könne sich bei diesem um einen Umherirrenden, um einen König im Elend handeln, sprechen die prachtvollen Schuhe und der Überwurf. Das Fundstück beweist vielmehr, daß auch das Bühnenkostüm gewissen modischen Veränderungen unterworfen war. — Im späten Hellenismus trat zur Onkos-Maske ein entsprechend überhöhtes, ausgepolstertes Kostüm, das einen übermenschlichen Eindruck vermitteln sollte.

Wenn die genannten Änderungen neben den heutzutage üblichen gleichwohl geringfügig erscheinen, so lassen sich dafür verschiedene Gründe anführen. Vor allem haben die Athener Theaterverhältnisse zu allen Zeiten einen prägenden und konservativen Einfluß ausgeübt, und die Gegebenheiten der frühhellenistischen Bühne wurden wiederum von den Alexandrinern fixiert, wovon sich einiges bis auf Pollux hinübergerettet hat. Schließlich spielte gewiß auch der Umstand eine Rolle, daß die Tragödie niemals den Bereich des Mythos verlassen hat, in ihren Sujets sich also gleichgeblieben ist.

Zum Schluß ein Wort zu den „Lumpenhelden" des Euripides, die zu verhöhnen Aristophanes nicht müde wird. Sie einfach als eine komische Erfindung abzutun, als eine brillante Spitze gegen den aufkommenden Realismus im allgemeinen, ist nicht statthaft,[311] denn auch wenn man sich das Erscheinungsbild bei Euripides nicht gerade naturalistisch vorstellen darf, wird er doch nicht alles der Phantasie der Zuschauer anheimgestellt haben. Wieviel komische Übertreibung im Katalog

---

[309] Sie enthält eine nacheuripideische Version der Medeasage; vgl. Furtwängler-Reichhold II, S. 161 ff. (Taf. 90); Bieber, History Abb. 121; Pickard-Cambridge, Theatre S. 92 m. Abb. 21. — Wieweit Ovid und vielleicht auch Seneca von dieser Version beeinflußt wurden, ist schwer auszumachen.

[310] Vgl. S. 90; H. Bulle (Festschrift J. Loeb, München 1930, S. 19 ff.) datiert den Fund in das 1. Viertel des 4. Jh.s.

[311] So T. B. L. Webster, Greek Theatre Production S. 39, mit dem Hinweis auf das Fehlen von Bildmaterial.

euripideischer Bettelhelden in den ›Acharnern‹ (414 ff.) steckt, entzieht sich unserer Kenntnis, weil die genannten Stücke verlorengegangen sind. Sicher aber ist, daß die Aufführung des ›Telephos‹ i. J.
438 die Verehrer der alten Traditionen in Athen aufs äußerste schockiert
hat. Wie anders hätte Aristophanes noch 13 Jahre später Spott und
Hohn über diese Tragödie ausgießen können — eine Tragödie, die er
selbst nur vom Lesen kannte, da er zur Zeit ihrer Aufführung kaum
sechs Jahre alt war?[312] Auch in den erhaltenen Tragödien finden sich
Hinweise auf schmutzige oder zerrissene Kleider,[313] so daß man an der
tatsächlichen Verwendung eines solchen Lumpengewands nicht zweifeln
kann.[314]

Ebenso wie beim Gewand hat die Tragödie bei den Schuhen eine
Sonderform entwickelt, nämlich den Kothurn.[315] Es handelt sich bei
diesem um einen weichen, schmiegsamen, meist aus einem Stück gearbeiteten Schaftstiefel ohne besondere Sohle, daher konnte man ihn
über den rechten wie den linken Fuß ziehen.[316] Die Stulpen konnten
oben umgekrempelt, der Schaft vorn zugeschnürt werden, aber das
blieb in der Regel unter dem langen Gewand verborgen. Der Kothurn
galt als ein luxuriöses Kleidungsstück. Er wird als charakteristisch für
Dionysos hervorgehoben (dazu paßt, daß er nicht aus Attika, sondern
aus Thrakien zu stammen scheint), und bisweilen wird er von Frauen

[312] ›Telephos‹-Parodien enthalten die ›Acharner‹ (aufgef. 425) und die
›Thesmophoriazusen‹ (aufgef. 411), vgl. P. Rau, Paratragodia, München
1967, S. 19—42. In den ›Acharnern‹ greift die Parodie sogar in die Struktur
der Komödie ein: Aristophanes verzichtet auf die altertümliche Bauform
des sog. epirrhematischen Agons, nur um den tragischen Trimeter parodisch
verwenden zu können. Die Kostümierung des Helden als Bettler hat hier
keine dramatische Funktion wie bei Euripides, gleichwohl mußte das Skan-
dalon, daß ein König in Lumpen erscheint, eingebaut werden.

[313] Hel. 421 ff., 1079 f. (Menelaos); El. 184 (Elektra). — Sophokles hat
sich hierin Euripides angeschlossen: Phil. 38 f., 274; OC 1597 (vgl. El. 191
mit 1177 ff.).

[314] Für das 3. Jh. bezeugt durch Poll. 4, 117 (Philoktet und Telephos).

[315] M. Bieber, RE XI, 2 (1922), Sp. 1520—6, s. v. Kothurn; A. Körte,
Der Kothurn im 5. Jh., Baseler Festschr. zur 49. Philologenvers. 1907,
S. 203 ff.; I. Brooke, Costume in Greek Classic Drama, London 1962, S. 68
bis 74. — Auch der Silen des Satyrspiels trägt oft den Kothurn, vgl. M. Bieber, JDAI 32 (1917), S. 53 ff. m. Abb.

[316] Daraus leitet Xenophon (Hell. II, 3, 30 f.) den Spitznamen „Kothurn"
für den als notorischen Opportunisten verschrieenen Politiker Theramenes
ab (vgl. Schol. Ar. Nub. 361, Ran. 47, 541).

getragen.[317] Da er ein ungehindertes Schreiten und Tanzen ermöglichte und zugleich die Schritte dämpfte, war er den Erfordernissen der Bühne hervorragend angepaßt.

Darstellungen aus hellenistischer Zeit lassen erkennen, wie die Sohle des Kothurns immer mächtiger wird. Diese Neuerung hängt vermutlich mit der Etablierung der erhöhten Proskeniumsbühne zusammen, die es erforderlich machte, daß der räumlich weit entfernte Darsteller größer erscheint. Bewegung und Tanz waren auf dem schmalen Podest des Logeion ohnehin eingeschränkt, und das Spiel nahm einen mehr statuarischen Charakter an. — Die „ellenhohen Socken" hingegen stammen erst aus römischer Zeit. Bei dieser Form des Bühnenschuhs handelt es sich um eine Fortentwicklung des hellenistischen Trends bis an die Grenze des Absurden. Mehrfach spottet Lukian über die schweren stelzenartigen Klötze, auf welchen die Schauspieler damals mehr balancieren als gehen mußten.[318]

Wir besitzen eine bedeutende Anzahl von Terrakotta-Statuetten des T VIII, ausgehenden 5. und des 4. Jh.s, die wir aufgrund ihrer Masken ein-
2 u. 3 deutig als Komödienschauspieler identifizieren können und deren Tracht sich wesentlich von derjenigen der Tragödie unterscheidet.[319] Nicht statuarischer Prunk, sondern drastische Sinnlichkeit prägt das Erscheinungsbild, zumal bei den an Zahl weitaus überwiegenden männlichen Figuren. Unter einem enganliegenden fleischfarbenen Wolltrikot werden Bauch und Gesäß durch Auspolsterungen (Somation) auf groteske Weise hervorgehoben, und ein überkurzer Chiton oder ein entsprechendes Mäntelchen machen einen mächtigen, frei herunterhängenden, manchmal auch aufgebundenen Phallos sichtbar. Als solcherart ausstaffierte Dickbäuche müssen wir uns die typischen aristophanischen Helden vorstellen, jene pfiffigen Bauern und Kleinbürger samt ihren Sklaven,[320] die nicht selten mit Anspielungen auf ihren Phallos

[317] Ar. Ran. 45 ff., Lys. 857, Eccl. 341 ff.

[318] K. Schneider, RE Suppl. 8 (1956), Sp. 199, s. v. ὑποκριτής; M. Kokolakis, Lucian and the Tragic Performances in his Time, Platon 12 (Athen 1960), S. 104 ff.; vgl. auch R. Helm, Lucian und Menipp, Leipzig 1906 (Repr. Hildesheim 1967), S. 45 ff.

[319] A. Körte, Archäolog. Studien zur Alten Komödie, JDAI 8 (1893) S. 61—93; Abb. bei Bieber, History S. 39 ff. — Zum Kostüm der Alten Komödie vgl. Pickard-Cambridge, Festivals S. 220—223 (m. Lit.); Th. Gelzer, RE Suppl. 12 (1971), Sp. 1515 f., s. v. Aristophanes.

[320] Die Kleidung der Sklaven unterschied sich im Alltagsleben und auf der Bühne kaum von der der Freien, vgl. A. B. Büchsenschütz, Besitz und Erwerb im griechischen Altertum, Halle 1869 (Repr. Aalen 1962), S. 61;

Gelächter provozieren. Zwar legt Aristophanes in der Parabase der ›Wolken‹ Wert auf die Feststellung, daß gerade diese Komödie dezent und anständig sei, weil sie (537 ff.) „nicht daherkommt mit dem angenähten Lederding, dem herunterhängenden mit der roten Spitze, dem dicken, das den Knaben Anlaß zu Gelächter gibt", doch das hindert ihn nicht, seine Hauptperson Strepsiades nur wenig später (734) einen einschlägigen Witz reißen zu lassen.

Mangels anderslautender Nachrichten müssen wir uns wohl auch die Zeitgenossen, welche die Archaia auf die Bühne stellte, als groteske Dickbäuche verfremdet vorstellen und dabei moderne Erwägungen von Schicklichkeit durchaus fernhalten. Wenn man bei ihnen oder bei auftretenden Göttern von einem Phallos nichts hört, so mag das auf Zufall beruhen, teilweise auch aus den verwendeten Kostümen zu erklären sein. In den ›Fröschen‹ trugen Aischylos und Euripides vermutlich ein langes Tragödiengewand, Dionysos das ihm gemäße knöchellange Safrankleid; solche Kostüme erleichterten dem Zuschauer die Identifizierung, machten zugleich aber den Phallos unsichtbar. Anders ist eine Stelle der ›Frauen am Thesmophorienfest‹ zu erklären: Wenn dort (141 f.) der Phallos am Dichter Agathon ausdrücklich vermißt wird, dann soll dieser damit als weibisch verspottet werden. Die ausgestopften Bäuche und Hinterteile waren dagegen unter jedem Kostüm sichtbar. Dionysos wird ungeachtet seiner mädchenhaften Zartheit einmal sogar als Dickwanst tituliert, und die kräftige Polsterung macht die Bastonade auf seinen Bauch erst wirklich komisch.[321]

Die Bühnentracht der Frauen war ein knöchellanger Chiton und ein Mantel, der über den Hinterkopf hochgezogen werden konnte.[322] Sie wich von der des täglichen Lebens kaum ab. Typisch ist die safrangelbe Farbe des Chitons (Krokotos); ein Mann in einem solchen Gewand erregte natürlich Gelächter, zumal wenn er — wie Dionysos in den ›Fröschen‹ — ein Löwenfell darüberzog, um sich ein herkulisches Aussehen zu verschaffen. Über eine komplette weibliche Garderobe verfügt der bereits genannte Agathon:[323] Zum Safrankleid kommen noch Busenband, Stirnbinde, Haarnetz und enge Schuhe. Auch die Frauengestalten

---

W. L. Westermann, RE Suppl. 6 (1935), Sp. 923, s. v. Sklaverei; F. H. Sandbach, Menander, A Commentary, zu Dysc. 608 f.; Einwände erhebt J. Wielowiejski, BCO 8, 1963, S. 158 ff.

[321] Ar. Ran. 200, 663 f. — Zum mädchenhaften Typus des Dionysos vgl. E. R. Dodds, Euripides Bacchae (2. ed. Oxford 1960) zu V. 453 ff.

[322] Bieber, History S. 41, Abb. 160—165.

[323] Ar. Thesm. 250 ff.

der Alten Komödie sind vor allem durch das Somation unverwechselbar gekennzeichnet. Weil jeder Schauspieler mehrere Rollen übernehmen mußte, hatte er gar keine Zeit, zwischendurch etwa das Trikot mit den Auspolsterungen zu wechseln; so bleibt dies das Grundrequisit für alle auftretenden Personen.

Für den Chor fehlen in unseren Texten klare Hinweise auf eine entsprechende Ausstattung, jedenfalls läßt sich der Phallos nur schlecht mit einer Tiermaske vereinbaren. Im ganzen war das Kostüm des Chors ungewöhnlich bunt und wandlungsfähig, und es ist nicht prinzipiell auszuschließen, daß die Tänzer nicht doch gelegentlich als phallische Dickbäuche auftraten.[324] A. Körte hat vor mehr als einem halben Jahrhundert die bedeutsame Hypothese aufgestellt, daß die Alte Komödie aus zwei disparaten Elementen zusammengewachsen sei, aus einem attischen, oft in Tiergestalt auftretenden Chor und aus dorischen Schauspielern, die aus ihrer Heimat die alte dionysische Tracht — Somation und Phallos — mitgebracht hätten. Obwohl sich die Forschung intensiv mit diesem Problem befaßt hat, konnte sie es bis heute nicht bündig lösen.[325]

T VIII, 1

Wir hatten schon mehrfach Gelegenheit, auf das beharrende Element in der äußeren Form der Darbietung hinzuweisen. Am Komödienkostüm manifestiert es sich besonders deutlich, denn obwohl in den Stücken der sog. Mittleren Komödie sich bereits eine individuelle Charakterzeichnung ankündigte, glich das äußere Erscheinungsbild noch weitgehend dem der Archaia. Nur allmählich im Laufe des 4. Jh.s verschwanden der Phallos und die grotesken Auspolsterungen, und an die Stelle des lächerlich kurzen Chitons trat das normale Alltagsgewand.[326] Da die sich herausbildende Neue Komödie in der gehobenen Mittelschicht des attischen Bürgertums angesiedelt ist, kann man diese Entwicklung nur als folgerichtig bezeichnen.

T X

Die alte, offenbar volkstümliche Tracht aber lebte im subliterarischen Bereich weiter und trat um 300 in der unteritalischen Phlyakenposse noch einmal für kurze Zeit ans Licht.[327] Inhaltlich haben die

---

[324] Anlaß zu Spekulationen gab Ar. Plu. 295.

[325] A. Körte, RE XI, 1 (1921), Sp. 1221, s. v. Komödie; vgl. dazu A. Lesky, GGL³ S. 274 f.

[326] Ein Kleiderverzeichnis gibt Poll. 4, 118—120, „das Inventar einer Gesellschaft von wandernden Schauspielern", so K. Schneider, RE Suppl. 8 (1956), Sp. 206, s. v. ὑποκριτής.

T XI, 1 u. 2

[327] Vgl. S. 110 f. m. Lit. — Die Phlyaken sind uns besser durch Vasenbilder als durch literarische Fragmente bekannt.

(dorischen) Phlyaken mit der Archaia nichts gemeinsam; es zeigt sich
allerdings, daß Äußerlichkeiten wie das Phalloskostüm zählebiger sind
als dramatische Inhalte.

Einen speziellen Bühnenschuh kennt die Komödie nicht, sie vermittelt uns vielmehr ein Abbild des Alltags. Ihre Helden, die kleinen
Leute, gehen innerhalb des Hauses barfuß,[328] draußen aber (Sokrates
macht da eine vielberufene Ausnahme) tragen sie meist derbe, einfache,
oben geschlossene Lederschuhe: Embades („Treter") im Gegensatz zu
den vielfältigen Formen der Sandalen.[329] Es handelt sich um typische
Arbeitskleidung für Männer. Der Terminus Embades aber hat allmählich, so scheint es, eine Bedeutungserweiterung durchgemacht und
schließlich die Komödienschuhe schlechthin bezeichnet.[330]

Vortragsweise

So wie die Dichter im 5. Jh. zugleich Komponisten und Regisseure
und nicht selten auch Schauspieler waren, mußten die Schauspieler
zugleich Deklamatoren und Sänger sein, und obendrein wurden ihnen
noch tänzerische Leistungen abverlangt, denn bei jedem Gesang wurde
das zugrundeliegende Metrum zugleich in Bewegung umgesetzt.[331] Es
genügte also nicht, wenn ein Schauspieler die Kunst der Deklamation
beherrschte: Ebenso unabdingbar war ein untrügliches Gefühl für
Rhythmen und eine Kenntnis des diffizilen harmonischen Systems.
Hieraus erhellt, daß die handschriftlich überlieferten Dramentexte uns
kein authentisches Bild von den Originalen vermitteln können, weil
Musik und Tanz unwiederbringlich verloren sind.

Das Dialogmaß des Dramas ist der jambische Trimeter; alle Partien
in diesem Metrum wurden gesprochen. Eine Differenzierung ergab
sich allerdings aus der verschiedenen metrischen Behandlung in den
einzelnen Genera: Die Komödie gestattete größere Freiheiten im
Versbau als die Tragödie und das Satyrspiel, das sich auch hierin dem
ernsten Drama verwandt zeigt. Aufgrund seiner Variabilität näherte

---

[328] Ar. Vesp. 103.

[329] R. G. Ussher, Aristophanes Ecclesiazusae, Oxford 1973, zu V. 47.

[330] Poll. 4, 115; W. Amelung, RE V, 2 (1905), Sp. 2482—5, s. v. Ἐμβάς.

[331] Daß der Chor während seiner Lieder tanzte, geht aus seinem Namen
hervor: χορός heißt Tänzerschar, ὀρχήστρα Tanzplatz. Da die gleichen lyrischen Metren wie in den Chorliedern auch in einigen Textpartien der Schauspieler begegnen, wurden auch diese von Tanzschritten begleitet.

sich der Komödienvers der gesprochenen Alltagssprache, und das mußte sich irgendwie auf den Schauspielervortrag auswirken. Konkrete Hinweise fehlen fast ganz, doch scheint hinter der bei Apuleius überlieferten Sentenz, daß der Komödienspieler im Umgangstone, der Tragödienspieler aber mit erhobener Stimme spreche,[332] eine schon für das griechische Drama des 5. Jh.s gültige Beobachtung zu stecken. So erklärt es sich auch, daß es kaum Schauspieler gab, die sowohl in der Tragödie als auch in der Komödie auftraten.[333]

Zur Begleitung eines Aulos rezitiert wurden trochäische Tetrameter (nach Aristoteles das ursprüngliche Tragödienversmaß) sowie die jambischen und anapästischen Langverse in der Parabase der Alten Komödie. Der antike Terminus für diese Sprechweise lautet Parakataloge, er bezeichnet ein Sprechen, das neben einer musikalischen Linie herlief.[334] Auf welche Weise die Tonhöhe des Sprechers mit der Musikbegleitung abgestimmt war, darüber wissen wir nichts Genaues.

Alle in lyrischen Maßen gehaltenen Textpartien schließlich wurden gesungen, sei es im Wechsel mit dem Chor (zumal im sog. Kommos, der für die Tragödie so bedeutsamen rituellen Totenklage), sei es in Form virtuoser Solo-Arien, wie sie im ausgehenden 5. Jh., als das musikalische Schwergewicht vom Chor auf die Solisten überging, von Euripides und besonders von Agathon gefördert wurden.[335]

Einen ambivalenten Charakter haben die anapästischen Dimeter. Dieses Versmaß verwendet zumal Aischylos gern für den Einzug des Chors in die Orchestra, weil es sich wegen seines streng regelmäßigen Baus gut zum taktmäßigen Marschieren eignet (sog. Marschanapäste); diese Verse werden zur Aulosbegleitung allein vom Chorführer vorgetragen. Dieselben anapästischen Dimeter weisen anderswo, und zwar in Chor- wie in Solopartien, dorische Dialektfärbung auf (sog. lyrische oder Klage-Anapäste); hier handelt es sich also um gesungene Lieder.

Was nun die Vortragsweise der Tragödie insgesamt betrifft, so hat vermutlich ein feierlich getragener Deklamationsstil den Gegensatz von

---

[332] Apul. Flor. 18 inc.: „comoedus sermocinatur, tragoedus vociferatur."

[333] Plat. Rep. 3, 395 A; dem entsprechen die Testimonia über einzelne Schauspieler. Wenige Ausnahmen bei B. Warnecke, Philologus 81 (1926), S. 239.

[334] K. Schneider, RE Suppl. 8 (1956), Sp. 211, s. v. ὑποκριτής.

[335] Eindrucksvolle Beispiele sind die Phryger-Arie des ›Orestes‹ (1369 ff.) und die Agathon-Parodie in den ›Thesmophoriazusen‹ des Aristophanes (101 ff., vgl. 52 ff.); W. Kranz, Stasimon, Berlin 1933, S. 235 f.; K. Reinhardt, Die Sinneskrise bei Euripides (1957) in: Tradition und Geist, Göttingen 1960, S. 240 ff.

Rede in attischem Dialekt und Gesang in dorischer Sprachfärbung ausgeglichen. Wir vermeinen bei allen Tragikern einen strengen Form- und Stilwillen zu erkennen, der die einzelnen Teile des Dramas zu einem Ganzen zusammenschloß. Im Gegensatz dazu standen in der Alten Komödie die disparaten Elemente unmittelbar nebeneinander, was nicht zuletzt den Reiz dieses — thematisch wie formal bunten und ungezügelten — Spiels ausmachte.

Von entscheidender Wichtigkeit für den Erfolg eines Schauspielers war seine Stimme; in diesem Punkte glich er dem Redner vor versammeltem Volke. Häufig wird darum beider Auftreten miteinander in Beziehung gesetzt, nicht zuletzt weil beide, Schauspieler und Prozeßredner, an einer Auseinandersetzung teilnahmen mit dem Vorsatz, für sich und ihre Sache den Sieg zu erringen.[336] Kein Wunder also, daß die Schauspieler ihre Stimmen einem harten Training unterzogen, bevor sie es wagten, öffentlich aufzutreten, oder daß sie — wie einige Anekdoten berichten — sich vor der Aufführung erst „einsangen" und darüber wohl gar den Moment ihres Auftritts versäumten.[337]

Die große Zeit der Schauspielkunst war das 4. Jh. Wer das Publikum in den immer größeren Theatergebäuden fesseln und mitreißen wollte, dessen Stimme mußte kräftig und voll tönen. Das Ideal war eine schönklingende Stimme (Euphonia), verbunden mit einem hohen Grad an Natürlichkeit; schrilles Forcieren war ebenso verpönt wie finsteres Brüllen.[338] Gleichwohl erwartete das Publikum die Fähigkeit zu differenzierter und modulationsreicher Äußerung, anderenfalls hätte ein einzelner Schauspieler kaum mehrere Rollen nebeneinander spielen können. So rühmt Aristoteles die unauffällige Kunst des Schauspielers Theodoros, dessen Stimme stets ihren natürlichen Klang behielt.[339] Zugleich wuchs die Neigung zu psychologisierender Darstellung, und als der Schauspieler Polos in der 2. Hälfte des 4. Jh.s den Ödipus in den beiden sophokleischen Dramen spielte, sprach er die Rolle des Tyran-

---

[336] Ähnliches wie die Stimme bewirkte die Gestikulation: C. Sittl, Die Gebärden der Griechen und Römer, Leipzig 1890, S. 199—211. — Zur Bedeutung der Vortragsweise (ὑπόκρισις) für Redner und Schauspieler vgl. Arist. Rhet. 3, 1 (bes. 1403 b 20 ff.); Plut. Dem. 7; Cic. De or. 1, 251 und 3, 220; Quint. 11, 3, 88 ff.

[337] Pickard-Cambridge, Festivals S. 170.

[338] Man vergleiche den Hohn des Aristophanes über Kleon als Redner (Vesp. 36) und den des Demosthenes über die angeblichen Schmierenschauspieler, denen sich Aischines angeschlossen hatte (18, 262).

[339] Arist. Rhet. 3, 2, 1404 b 22; vgl. W. Burkert, MH 32 (1975), S. 67 ff.

nos auf der Höhe seines Glücks ebenso eindrucksvoll wie die des ins Elend gestürzten blinden Greises.[340]

Wie hellhörig ein antikes Publikum auf einen *Lapsus linguae* reagieren konnte, verdeutlicht der folgende, von den Komikern wiederholt aufgegriffene Vorfall: Bei der Aufführung des euripideischen ›Orestes‹ i. J. 408 versäumte es der Schauspieler Hegelochos, eine vom Versmaß geforderte Elision eines Vokals anzudeuten; wahrscheinlich sprach er das betreffende Wort so aus, als trüge es einen Zirkumflex auf der letzten Silbe statt eines Akuts. Dieses Versehen hatte eine Sinnverdrehung zur Folge, denn das Publikum hörte statt der erforderten Meeresstille nun ein Wiesel heraus und quittierte das mit unziemlichem Gelächter.[341]

---

[340] Epictet., Dissert. Arriani Frg. 11 (= Stob. Anth. 4, 33, 28); Pickard-Cambridge, Festivals S. 169.
[341] Schol. Eur. Or. 279; vgl. Ar. Ran. 303 mit Schol.

IV. DAS RÖMISCHE THEATER

1. Vorbemerkungen

Mehr noch als auf dem Gebiet des griechischen Theaters sind wir für die Darstellung römischer Verhältnisse mangels Quellenmaterials auf Hypothesen angewiesen. Was die Dramentexte betrifft, so besitzen wir 20 Komödien des Plautus um die Wende vom 3./2. Jh. und 6 des Terenz aus den Jahren 166—160; die literarisch viel ambitioniertere Tragödie ist allein durch das Corpus der 10 unter dem Namen Senecas überlieferten Stücke aus Neronischer Zeit vertreten.[1] Wiederum also ist der weitaus größte Teil der dramatischen Produktion verlorengegangen. Dazu kommt eine weitere Schwierigkeit: Zwar sind römische Theaterbauten aus der Kaiserzeit in beträchtlicher Anzahl und teilweise gut erhalten auf uns gekommen,[2] aber in ihnen wurden Stücke des Plautus und Terenz am allerwenigsten[3] und Seneca gewiß niemals aufgeführt, vielmehr unliterarische (und darum verschollene), dem immer mehr verwildernden Publikumsgeschmack zusagende Mimen sowie pantomimische Tänze, die an die Stelle der absterbenden Tragödie traten.[4]

Diese Quellenlage rechtfertigt wohl den verhältnismäßig geringen Umfang, den wir in dieser Darstellung dem römischen Theater eingeräumt haben, zumal wenn man in Rechnung setzt, daß die lateinischen Tragödien und Komödien durchweg Bearbeitungen griechischer Originale sind. Zur Zeit der ersten offiziellen Aufführungen in Rom fanden noch regelmäßig dramatische Agone im griechisch besiedelten Süditalien (Tarent) und auf Sizilien (Syrakus) statt, und natürlich haben diese die Entwicklung des römischen Bühnenwesens nachhaltig beein-

---

[1] Zwei von ihnen — der ›Hercules Oetaeus‹ und die ›Octavia‹ — sind erst in der Nachfolge Senecas entstanden.

[2] Vgl. S. 53 zum Dionysostheater in Athen. — Einen Überblick über die Theaterruinen in der westl. Hälfte des Römischen Reiches gibt F. Drexel bei L. Friedländer (s. Anm. 3) IV, S. 243—257.

[3] L. Friedländer, Darstellungen aus der Sittengeschichte Roms, 10. Aufl. Leipzig 1922 (Repr. Aalen 1964), II, S. 119 ff.

[4] L. Friedländer, Sittengeschichte II, S. 125—138.

flußt. Während des Ersten Punischen Krieges hatten römische Offiziere und Soldaten Gelegenheit, griechische Theateraufführungen aus der Nähe zu erleben, und das mochte den Wunsch nach einer vergleichbaren eigenen Kunst geweckt und gefördert haben. Erst recht war den Dichtern der Frühzeit die griechische Theaterpraxis vertraut, und seit der Mitte des 2. Jh.s v. Chr. hören wir sogar von Aufführungen in griechischer Sprache in Rom.[5] Auf keinem Gebiet literarischer Aneignung stehen sich Griechen und Römer zeitlich so nahe wie auf dem des Dramas; Plautus könnte in einem Falle sogar das Original eines Zeitgenossen bearbeitet haben, nämlich den ›Onagos‹ des Demophilos für seine ›Asinaria‹.

2. Rückblick und Überleitung: Die Tradition des griechischen Theaters im Westen

Im dorisch besiedelten Süditalien und Sizilien reicht die Tradition eines lustigen Theaterspiels zurück bis ins 6. Jh., also in eine Zeit, die den Anfängen der attischen Komödie noch vorausgeht. Der glänzendste Vertreter dieser dorischen Komödie war der Sizilier Epicharm; er schrieb ungefähr 40 kurze, in der Regel chorlose Stücke, von denen nur geringe Reste erhalten sind.[6] Zur gleichen Zeit hat die attische Tragödie ihr Ansehen erlangt, und möglicherweise ist Epicharm am Hofe

[5] L. Mummius, der Zerstörer Korinths, brachte als erster griechische Techniten nach Rom und veranstaltete anläßlich seines Triumphes i. J. 145 griechische Spiele (Tac. Ann. 14, 21, 1). Brutus engagierte in Neapel griechische Schauspieler für seine Aufführungen in Rom (Plut. Brut. 21, 5 f.). Besondere Popularität genossen diese ludi Graeci natürlich nie, dafür waren sie zu elitär. Cicero urteilt abfällig über sie: ad Att. XVI, 5, 1 und ad Fam. VII, 1, 3. — Die Grabinschrift der 14jährigen Licinia Eucharis (aus sullanischer Zeit?) lenkt unseren Blick auf den (griechischen) Mimus, der auch Frauen den Bühnenauftritt gestattete (CIL VI, 10 096 = Carm. Lat. Epigr. 55 Bücheler; Ch. Garton, Personal Aspects of the Roman Theatre, Toronto 1972, S. 251 m. Lit.). Zu den ludi Graeci: Th. Mommsen, Römische Geschichte III, S. 629.

[6] G. Kaibel, CGF, Berlin 1899 (Repr. 1958); A. Olivieri, Frammenti della commedia greca e del mimo nella Sicilia e nella Magna Grecia I, 2. Aufl. Neapel 1946; C. Austin, Comicorum Graecorum Fragmenta in papyris reperta, Berlin 1973, S. 52—83; vgl. Pickard-Cambridge, Dithyramb, Tragedy and Comedy, 2. Aufl. Oxford 1962, S. 230—290; A. Lesky, GGL[3] 275—8 (m. Lit.).

Hierons I. von Syrakus mit Aischylos zusammengetroffen, als dieser um 470 seine ›Perser‹ und das für die neugegründete Stadt am Ätna geschriebene Festspiel ›Aitnaiai‹ inszenierte. Während eines späteren Aufenthalts in Sizilien ist Aischylos gestorben, so wie vermutlich vor ihm schon der Tragiker Phrynichos.[7] Das Interesse an der Tragödie blieb im Westen auch weiterhin lebendig. Euripides soll hier sogar eher Anerkennung gefunden haben als in seiner Heimatstadt: Als im Peloponnesischen Krieg die Sizilische Expedition scheiterte (413 v. Chr.) und Tausende von Athenern in den Steinbrüchen von Syrakus umkamen, konnten einige sich dadurch retten, daß sie Verse des Euripides auswendig zu rezitieren verstanden.[8]

Nach alledem verwundert es nicht, daß Syrakus als erste große Stadt außerhalb Athens schon im 5. Jh. ein eigenes Theater errichten ließ; zufällig kennen wir sogar den Namen des Architekten: er hieß Demokopos.[9] Andere Städte folgten später nach, das zeugt für eine lebendige Theatertradition in Großgriechenland.[10]

Etwa seit der Wende zum 4. Jh. wurden auch im Westen Tragödien geschrieben. Mit wenig Geschmack, so scheint es, versuchte sich der Tyrann Dionysios I. von Syrakus in dieser angesehenen Kunst und errang in Athen sogar einen (politisch motivierten?) Lenäen-Sieg.[11] Von anderen Tragikern kennen wir kaum mehr als den Namen.[12] Weit bedeutsamer erscheint demgegenüber der Tatbestand, daß auch einige der berühmtesten Komödiendichter aus dem Westen stammten, so Alexis aus Thurioi und Philemon aus Syrakus. Zwar lebten beide in Athen, das für die Komödie weiterhin der Mittelpunkt blieb, doch

---

[7] B. Snell, TrGF I, 3 Phrynichos T 6; Vita Aesch. 10. — Zu Aischylos in Sizilien: A. Lesky, Die tragische Dichtung der Hellenen, 3. Aufl. Göttingen 1972, S. 68 Anm. 7.

[8] Satyros, Vita Eur. 39 XIX (S. 75 Arrighetti, Pisa 1964); Plut. Nic. 29, 2 ff.

[9] Die im Odyssee-Kommentar des Eustathios (um 1200) überlieferte Notiz geht auf den Mimendichter Sophron (5. Jh. v. Chr.) zurück, vgl. CGF Frg. 128 Kaibel. — Zur Baugeschichte: G. E. Rizzo, Il teatro greco di Siracusa, Mailand 1923; C. Anti, Teatri greci arcaici, Padua 1947, S. 85—106; B. Pace, Dioniso 10 (1947), S. 266—291.

[10] T. B. L. Webster, Greek Theatre Production S. 97—127. Zur Rolle Neapels vgl. A. Rostagni, PP 7 (1952), S. 344—357.

[11] B. Snell, TrGF I Nr. 76, Test. 1 und 3; W. Süß, RhM 109 (1966), S. 299—318.

[12] Im 4. Jh. Sosiphanes (TrGF I Nr. 92 Snell), im 3. Jh. Sositheos, ein Dichter der sog. Tragischen Pleias in Alexandreia (TrGF I Nr. 99).

hatte Alexis einen Teil seiner riesigen Produktion von etwa 250 Stükken zweifellos auch für den Westen bestimmt.

Näheres über den Charakter der im 4. Jh. in Großgriechenland aufgeführten Stücke erfahren wir aus einer Vielzahl bemalter Vasen. Wir
unterscheiden thematisch zwei Gruppen: 1) Apulische Prunkgefäße,
meist aus Tarent, mit Darstellungen aus Tragödien[13], 2) die sog.
Phlyakenvasen mit Szenen eines grobsinnlichen Possenspiels.[14]

Die apulischen Vasen unterscheiden sich deutlich von den attischen
T VII, 2 durch ihren Reichtum an Figuren und die Fülle des Dekors. Im Zentrum des Bildes befindet sich fast immer eine plastisch gezeichnete
aedicula, d. i. ein Palast als Andeutung eines Skenengebäudes. Die dargestellten Mythen sind uns vertraut; meist handelt es sich um die
klassisch gewordene Version des Euripides. Auch der Stil der Aufführung entspricht dem athenischen, Kontinuität bewirkten das auf-
kommende Starwesen und der Zusammenschluß zu Schauspieler-
gilden.

Die literarische Komödie ist durch bildliche Darstellungen nicht ver-
T XI treten. Statt dessen zeigen uns die Phlyakenvasen eine volkstümliche Be-
lustigung, von der wir sonst nur wenig wissen, da sie aus der Improvisation lebte und sich der schriftlichen Fixierung entzog.[15] Erst um
die Wende zum 3. Jh. brachte der Syrakusaner Rhinthon diese Posse
kurz zu literarischen Ehren, indem er sie zu einer neuen, Hilaro-
tragödie (d. h. heitere Tragödie) genannten Kunstform stilisierte, mit
welcher er die populären Sujets der Tragödie parodierte.[16]

Phlyaken nannte man die Schauspieler,[17] dann auch die Spiele selbst.
Ihr Kostüm gleicht in auffallender Weise dem der Alten Komödie in

---

[13] A. Rumpf, Malerei und Zeichnung, Handbuch der Archäologie IV,
München 1953, S. 137—9; Pickard-Cambridge, Theatre S. 82—100 (m. Abb.).

[14] H. Heydemann, JDAI 1 (1886), S. 260—313; E. Wüst, RE XX, 1
(1941), Sp. 292—306, s. v. Φλύακες; A. D. Trendall, Phlyax Vases, BICS
Suppl. 8, 1959 (2. Aufl. = Suppl. 19, 1967); Bieber, History S. 129—146
(m. Abb.).

[15] S. u. S. 113 f. zur oskisch-römischen Atellane.

[16] 9 Titel und wenige Verse, z. T. in Tarentiner Dialektfärbung, sind erhalten: A. Olivieri (s. o. Anm. 6) II, 1947², S. 7—24; M. Gigante, Rintone
e il teatro in Magna Grecia, Neapel 1971. — Schon in der vorliterarischen
Periode der Phlyakenposse gab es Tragödienparodien, doch aus dem Stegreif
und natürlich in Prosa.

[17] Ursprünglich waren es wohl Vegetationsdämonen: A. Körte, JDAI
8 (1893), S. 86 ff.; L. Radermacher, Sitzungsber. Akad. Wiss. Wien 202/1
(1924), S. 3—10; E. Wüst, RE XX, 1, Sp. 305 f.

Athen: Man begegnet den gleichen grotesk ausgestopften Körperformen und dem umgebundenen Lederphallos.[18] Eine direkte Abhängigkeit erscheint angesichts der unterschiedlichen dramatischen Stoffe als unwahrscheinlich; wo sich motivische Parallelen ergeben, deuten diese auf die Euripideische Tragödie und die Mittlere bzw. Neue Komödie. So bleibt die gemeinsame Herkunft von einer wie immer gearteten dorischen Farce des Mutterlandes glaubhaft.[19] L. Radermacher hat auf die prinzipiellen Schwierigkeiten aufmerksam gemacht, die sich bei der Interpretation gleichartiger Phänomene ergeben: oft ist es unmöglich zu entscheiden, ob diese auf eine gemeinsame Wurzel zurückgeführt werden können, oder ob allgemein menschliche Gedanken und Vorstellungen unabhängig voneinander zu vergleichbaren Ausprägungen gelangt sind.[20]

Die Phlyakenposse wurde auf einer einfachen, etwa einen Meter erhöhten Bretterbühne gespielt, die man über eine kleine Treppe erreichte. Den Hintergrund bildete eine oft säulengeschmückte Skene mit Tür und Fenster sowie einem schrägen Dach. Der Raum unterhalb der Spielplattform war verhängt und diente wohl der Unterbringung von Requisiten.[21]

3. Italische Einflüsse

Neben der direkten Tradition des griechischen Theaterspiels gab es eine bodenständige etruskisch-italische, von der wir allerdings wenig wissen. Ein besonders wichtiges Zeugnis ist der vielfach kontroverse, im wesentlichen wohl auf Varro basierende Bericht des Livius über die Ursprünge der *ludi scaenici* in Rom. Livius wollte offenbar durch ein idealisiertes Bild der bescheidenen Anfänge die Auswüchse seiner eigenen Zeit bloßstellen. Darum erhalten einerseits die amateurhaften Elemente des römischen Spiels gegenüber den professionellen, die von außerhalb kamen, ein starkes Gewicht, andererseits wird die Existenz einer — sei es noch so bescheidenen — national-römischen Kunstform

---

[18] S. o. S. 102 f.

[19] L. Breitholz, Die dorische Farce im griechischen Mutterland vor dem 5. Jahrhundert. Hypothese oder Realität? (Göteborg 1960) hat deren Existenz geleugnet, doch vgl. G. Giangrande, CR 12 (1962), S. 230 f.

[20] L. Radermacher, a. a. O., S. 42. — Zu Übereinstimmungen zwischen Nô-Bühne und griechischem Theater vgl. A. Lesky, Maia NS 15 (1963), S. 44 (= Ges. Schriften S. 280).

[21] Plan einer temporären Bretterbühne: Bieber, History S. 146.

im Gegensatz zu den etruskischen und griechischen Einflüssen hervorgehoben.

Die wesentlichen Punkte der Livianischen Darstellung (VII, 2, 3 ff.) sind folgende: Anläßlich einer Pestepidemie i. J. 364 habe der Senat Tänzer (*ludiones*: 4) und Flötenspieler aus Etrurien kommen lassen, damit sie die Stadt in einer zeremoniellen Begehung reinigten. Deren kultische Tänze habe die römische Jugend nachgeahmt und dann zur Gestikulation Spottverse im Wechselgesang hinzugefügt — die traditionellen italischen *Fescennini versus*.[22] Da diese Darbietungen, die wohl nur auf einer Bretterbühne zur Geltung kommen konnten, Gefallen fanden, wurden sie allmählich von professionellen „Schauspielern" (*histriones*: 6) übernommen und verloren so ihren Stegreifcharakter. An die Stelle der improvisierten Verse traten „melodienreiche vermischte Vorführungen" (*impletae modis saturae: 7*), noch keine eigentlichen Dramen, sondern so etwas wie eine bunte Reihe von Cantica.[23] Als schließlich i. J. 240 Livius Andronicus das Kunstdrama in Rom einführte, brauchte er nur noch eine Handlung hinzuzufügen. Die römische Jugend aber habe sich daraufhin wieder den ursprünglichen Belustigungen zugewandt; ihre improvisierten Späße unter dem Namen *exodia* (11) werden dabei mit der Atellanenfabel in Verbindung gebracht.

Livius (bzw. Varro) versuchte, isolierte Daten und Fakten meist vorliterarischer Zeit zu einem schlüssigen System zu kombinieren. So muß das Auftreten etruskischer Tänzer in Rom als historisch angesehen werden, desgleichen natürlich die Leistung des Livius Andronicus; dagegen ist die Querverbindung von den kultischen Tänzen zu den *versus Fescennini* ein Produkt der Phantasie und erst recht die prominente Rolle, welche dabei die *iuventus Romana* spielte.[24]

Bei aller gebotenen Zurückhaltung im Urteil kann die Einwirkung unliterarischer Vorstufen auf das Kunstdrama nicht glattweg geleugnet werden. Wohl war das meiste zu primitiv, um mit der von den Grie-

[22] Abzuleiten eher von *fascinum* „Beschreiung", „Verhexung" als von der Faliskerstadt Fescennia (beide Etymologien sind antik). — Erntefest und Hochzeit gaben die Gelegenheit zu derben Spottversen, vgl. W. Beare, The Roman Stage, 3. Aufl. London 1964, S. 11 ff.

[23] Die sog. „dramatische Satire" hat die Forschung viel beschäftigt. Doch Livius hat damit keinen t. t. gemeint, und man sollte weder von einer Urform des Dramas noch von einer der Satire sprechen.

[24] J. H. Waszink, Mnemosyne IV, 13 (1960), S. 18 ff.; ders., ANRW I, 2, Berlin 1972, 869 ff.

chen übernommenen Literatur einfach verschmolzen zu werden, doch indem es auch weiterhin seine Eigenexistenz bewahrte, konnten von ihm immer wieder Impulse ausgehen. Gern wüßten wir im Falle der plautinischen Komödie Näheres über den Einfluß der volkstümlichen Atellanenposse; daß ein solcher bestand, darauf deutet schon der Name Maccus, den Plautus sich selbst zulegt:[25] Er bezeichnet den „Dummkopf", der zu den festen Typen der Atellane zählte.

Der Name Atellana weist auf die Oskerstadt Atella nahe Neapel; von hier aus ist das bäuerlich-kleinstädtische Maskenspiel *(personata fabula)* zu Beginn des 3. Jh.s nach Rom gekommen.[26] Es klingt nicht überzeugend, wenn Strabon behauptet, daß noch zu seiner Zeit Spiele in oskischer Sprache stattgefunden haben;[27] allerdings konnte eine kräftige Dialekteinfärbung, wie sie die volkstümliche Komödie zu allen Zeiten liebt, lange fortbestehen. Die Ursprünge der Atellane liegen im Dunkeln; etruskischer Einfluß und solcher der dorischen Phlyakenposse gilt jedoch als ausgemacht. Weil die Atellane sich lange der schriftlichen Fixierung entzog, gibt es über sie mehr Hypothesen als gesicherte Kenntnisse. Die Aufführungen fanden an religiösen Festen statt, vielleicht an den *Quinquatrus*, vielleicht an den *Compitalia*.[28] Im Mittelpunkt der grobkomischen Handlungen, die aus der Improvisation und der Phantasie lebten, standen feste Typen: der alte Trottel Pappus, der Simpel Maccus, der Fresser Bucco und der bucklige „dottore" Dossennus, der ebenfalls ein Vielfraß war, da man ihn auch Manducus nannte.[29] Seit sullanischer Zeit ließ man Atellanen auch als Nachspiele auf Tragödien folgen, wozu sie sich wegen ihres kon-

[25] Asin. 11, Merc. 10; vgl. P. J. Enk, Plauti Mercator, Leiden 1932 (Repr. 1966), S. 29—32.

[26] Texte: O. Ribbeck, Comicorum Romanorum Fragmenta, 3. Aufl. Leipzig 1898, S. 267—335; Atellanae Fabulae ed. P. Frassinetti, Rom 1967 (rec. H. D. Jocelyn, Gnomon 41, 1969, S. 41—48). Darstellungen: A. Dieterich, Pulcinella, Leipzig 1897, S. 82 ff.; F. Leo, Hermes 49 (1914), S. 169 ff. (= Kl. Schr. I, Rom 1960, S. 257 ff., Repr. als Anhang in: Gesch. der römischen Literatur, Darmstadt 1967, S. 507 ff.); W. Beare, The Roman Stage S. 137—148; P. Frassinetti, Fabula Atellana, Pubbl. Ist. Fil. Class. Genova 4, 1953.

[27] Strabo V, 3, 6, wohl auf eine ältere Quelle zurückgehend.

[28] P. Frassinetti, Fabula Atellana S. 40 ff.; K. Meuli, MH 12 (1955), S. 224. Beide Feste tragen volkstümlichen Charakter; die Quinquatrus wurden vorzugsweise von den Handwerkern, das Laren-Fest der Compitalia von den Sklaven begangen.

[29] Varro, LL VII, 95; Hor. Epist. II, 1, 173.

trären Charakters und geringen Umfangs gut eigneten; die Parallele zu den griechischen Satyrspielen springt ins Auge und wurde schon in der Antike gezogen.[30] Im 1. Jh. v. Chr. erlebte die Atellane eine kurze literarische Blüte, ähnlich wie die Phlyaken durch Rhinthon und vielleicht von diesen beeinflußt. Auch die Atellane griff mythologische Stoffe auf, um sie zu persiflieren, und glich sich in der äußeren Form (Verse!) den etablierten dramatischen Genera an. Nur von den beiden Hauptvertretern dieser Epoche, von Pomponius und Novius, sind einige Fragmente erhalten.

4. Das Theater der Republik

Das römische Drama wuchs nicht allmählich und nach einer längeren Epoche tastender Versuche heran, sondern setzte verhältnismäßig spät, dann jedoch mit einem Schlage ein, als Livius Andronicus Tragödie und Komödie fertig von auswärts übernahm. Die Römer der frühen Republik waren, wie F. Klingner sie treffend charakterisiert hat,

nüchterne, harte Willens- und Verstandesmenschen, die nur auf Staatskunst, Recht, Krieg und Erwerb gerichtet scheinen, Menschen der res, sei es die res publica oder die res familiaris, die nun allerdings weder Dichter hervorgebracht noch für Dichtung von Haus aus viel übrig gehabt hat.[31]

Nachdem aber Rom aus dem Ersten Punischen Krieg als italische Vormacht gefestigt und mit großem Selbstbewußtsein hervorgegangen war, hielt es die maßgebliche Oberschicht für richtig, die Ludi Romani zu Ehren des Iupiter Optimus Maximus, die man mit Wagenrennen im Zirkus feierte, durch dramatische Aufführungen besonders auszuschmücken. Der Auftrag der kurulischen Ädilen an Livius Andronicus, für die Spiele im September 240 die lateinische Fassung einer griechischen Tragödie und Komödie zu erstellen, muß als kulturpolitische Entscheidung höchsten Ranges angesehen werden, denn mit der Hinwendung zur hellenistischen Kultur und dem Zugeständnis ihrer Überlegenheit wurde zugleich ein Bruch mit den italischen Traditionen vollzogen. Es will schon etwas heißen, daß nicht ein Römer, sondern ein Grieche, der in jungen Jahren als kriegsgefangener Sklave in die Stadt gekommen war, den ehrenvollen Auftrag erhielt.

---

[30] F. Leo, Kleine Schriften I, 265, 5.
[31] F. Klingner, Dichter und Dichtkunst im alten Rom (1947), in: Römische Geisteswelt, 5. Aufl. München 1965, S. 161.

Livius Andronicus hatte das Lateinische erst als zweite Sprache erlernt,[32] das läßt uns seine Leistung nur noch höher einschätzen. Seine Nachfolger allerdings fühlten sich, ungeachtet ihrer Verpflichtung gegenüber dem Wegbereiter, diesem künstlerisch weit überlegen, so daß seine Werke ebenso radikal der Vergessenheit anheimfielen wie die Frühstufen des griechischen Dramas. Über die Arbeitsweise des Livius wissen wir so gut wie nichts, außer daß er der eigentliche „Erfinder" der Übersetzungskunst ist.[33] Man muß sich dabei vergegenwärtigen, daß er Werke von höchster künstlerischer Vollkommenheit in eine Sprache übertrug, die weder über einen gestalteten poetischen Ausdruck verfügte noch eine eigene Metrik entwickelt hatte. Von einer wortgetreuen Wiedergabe der griechischen Originale wird man danach nicht reden.[34]

Der Begründer des lateinischen Dramas mußte nicht nur die Texte erstellen, sondern auch alle Voraussetzungen für deren Aufführung schaffen. Auf den ersten Blick gleicht die Situation derjenigen in Athen knapp drei Jahrhunderte vorher: Hier wie dort fehlte ein Theater als Institution, so daß in Übereinstimmung mit den Behörden für jede Aufführung von neuem zunächst der Spielplatz, die Schauspielertruppe und die nötigen Requisiten bereitgestellt sowie ein Flötenspieler engagiert werden mußte. Nur auf die Einstudierung eines Chors haben die Römer in der Regel verzichtet,[35] was angesichts der Tendenz schon des

---

[32] Auch Naevius und Ennius, Plautus und Terenz waren keine Latiner.

[33] Niemals war es den Griechen in den Sinn gekommen, ausländische Literatur zu übersetzen; sie nahmen zwar fremde Anregungen auf, schufen daraus aber stets etwas Eigenes.

[34] Trotz Cic. Fin. I, 4: *fabellas Latinas ad verbum e Graecis expressas*, vgl. H. Cancik, LAW 3113, s. v. Tragödie B 2; A. Traina, Vortit barbare. Le traduzioni poetiche da Livio Andronico a Cicerone, Roma 1970. — Zwei Textstücke aus Komödien zeigen, wie frei man verfuhr: Gell. 2, 23 überliefert eine Szene aus Menanders ›Plokion‹ mit der Version des Caecilius, und ein Papyrus zu Menanders ›Dis Exapaton‹ läßt sich mit Partien der ›Bacchides‹ des Plautus vergleichen.

[35] Eindeutig ist der Befund bei der Komödie. Die durch musikalisch-tänzerische Intermezzi markierten Aktschlüsse der griechischen Nea wurden von den Römern zugunsten eines kontinuierlichen Handlungsablaufs eliminiert, dafür wurde das musikalische Element direkt in die Handlung hineingenommen (Cantica). — Tragödienfragmente in lyrischen Versmaßen sind ebenfalls selten und bisher läßt sich ihnen nirgends mit absoluter Sicherheit ein Chor zuweisen; Liv. Andr. 20 ff. Ri. (›Equos Troianus‹) und Naev. 5 Ri. (›Danae‹) stammen aus Einzelarien. Andererseits wählten die röm. Tragiker

hellenistischen Dramas hin zu einem Sprechstück mit solistischen Ge-
sangseinlagen nicht überrascht.[36] Der wesentliche Unterschied zu den
griechischen Anfängen besteht jedoch darin, daß man in Rom nicht ex
nihilo etwas zu schaffen brauchte, denn zugleich mit den Stücken
eignete man sich von den Griechen auch das technische Rüstzeug und
die Erfahrung an.

Vermutlich hat Livius Andronicus in seinen Stücken selbst die
Hauptrolle übernommen und zugleich für die Ausbildung der übrigen
Schauspieler gesorgt, wofür er als gebürtiger Grieche gut geeignet
war.[37] Mit Berufsschauspielern kann man nicht rechnen, solange es
jährlich nur zwei Aufführungen an den Ludi Romani gab, doch seit
dem Zweiten Punischen Krieg kamen weitere Feste in rascher Folge
hinzu.[38] Das Drama gewann schnell an Popularität, so daß die Zahl
der Spieltage sich ständig erhöhte;[39] bald nahm man auch *feriae pri-*

als Vorlagen überwiegend Werke der Klassiker des 5. Jh.s, bei denen der
Chor fest in die Handlung eingebaut war und nicht ohne Gewaltsamkeit
eliminiert werden konnte. Folgende Erklärung bietet sich an: Man behielt
den Chor formal zwar bei, ließ ihn aber nicht mehr unisono singen, sondern
zur Flötenbegleitung rezitieren (troch. Langverse für einzelne Choreuten).
Einige Testimonia weisen denn auch unmißverständlich auf die Präsenz eines
Chores hin, so Gell. 19, 10 zur ›Iphigenia‹ des Ennius.

[36] S. o. S. 35 f.

[37] Zur Schauspielkunst in Rom: B. Warnecke, RE VIII, 2 (1913), Sp.
2116—2128, s. v. histrio; ders., NJA 33 (1914), S. 95—109; T. Frank, The
Status of Actors at Rome, CPh 26 (1931), S. 11—20; J. E. Spruit, De juri-
dische en sociale positie van de Romeinse acteurs, Assen 1966; Ch. Garton,
Personal Aspects of the Roman Theatre, Toronto 1972.

[38] Kurz nach 220 Ludi Plebeii, ebenfalls zu Ehren des Kapitolinischen
Jupiter (i. J. 200 Plautus ›Stichus‹); seit 212 Ludi Apollinares; um 194 Ludi
Megalenses für die Mater Magna (i. J. 191 Plautus ›Pseudolus‹; 166 Terenz
›Andria‹, 165 ›Hecyra‹ (vorzeitig abgebrochen), 163 ›Heautontimorumenos‹,
161 ›Eunuchus‹); die Ludi Florales wurden erst seit 173 jährlich gefeiert, hier
waren die Mimen zu Haus. — Literatur: G. Wissowa, Religion und Kultus
der Römer, 2. Aufl. München 1912, S. 449—467; Habel, RE Suppl. 5
(1931), Sp. 608—630, s. v. ludi publici; K. Nicolai, Saeculum 14 (1963),
S. 194 ff.

[39] Zur Zeit von Caesars Tod waren es schon mehr als 40 (so viele hatte
es in Athen nie gegeben!), und der Kalender des Furius Dionysius Philocalus
aus dem Jahr 354 n. Chr. (CIL I² p. 254 ff.) nennt gar 101 Spieltage. —
L. Friedländer, in: J. Marquardt, Römische Staatsverwaltung, 2. Aufl. Leipzig 1885 (Repr. Darmstadt 1957), III, S. 483 f.; L. R. Taylor, TAPhA 68
(1937), S. 284—304.

vatae wie Leichenfeiern und Triumphe zum Anlaß für szenische Aufführungen.[40] Kein späterer Dichter scheint in seinen eigenen Stücken aufgetreten zu sein, vielmehr bildeten sich kleine Schauspielertruppen unter einem verantwortlichen Theaterdirektor *(dominus gregis)*, der den Autoren ihre Stücke abkaufte, Verträge mit den die Feste ausrichtenden Beamten *(curatores ludorum)* schloß, die Inszenierungen auf eigenes Risiko besorgte und selbst eine führende Rolle übernahm. Hatte ein Stück gefallen, so konnte er es später von neuem einstudieren.[41] Ein freundschaftliches Verhältnis bestand zwischen Terenz und dem Schauspieldirektor L. Ambivius Turpio.

Daß ein Schauspieler mehrere Rollen nebeneinander übernehmen konnte, hören wir im ›Poenulus‹ des Plautus, wo der Prologus sich mit den Worten (126) *ibo, alius nunc fieri volo* verabschiedet. Eine solche Ökonomie gestattete es wohl, mit einem halben Dutzend Spielern und einigen Statisten[42] jedes Stück zu besetzen. Da es keine rigorose Begrenzung der Schauspielerzahl gab, entfällt selbstverständlich der Zwang, eine Rolle auf mehrere Sprecher aufzuteilen; dergleichen wäre allerdings mit Hilfe von Masken zu bewerkstelligen. Nun bezeugen die Grammatiker Diomedes und Donat, daß Masken erst in der Zeit nach Terenz eingeführt worden seien und daß man vorher Perücken getragen habe. Wenn man diesen — nicht ganz widerspruchsfreien — Notizen Glauben schenkt,[43] muß man darauf verzichten, gelegentliche

---

[40] An den Ludi Funebres für Aemilius Paullus i. J. 160 wurden ›Adelphoe‹ und ›Hecyra‹ des Terenz aufgeführt (wohl auf dem Forum Romanum, vgl. Liv. 31, 50, 4). — Der berühmte (verlorene) ›Thyestes‹ des L. Varius Rufus, die letzte römische Tragödie, deren Aufführung unzweifelhaft bezeugt ist, krönte als eine Art Festspiel für Augustus die Siegesfeier von Actium i. J. 29 v. Chr. Zu diesem Stück E. Lefèvre, Abh. Akad. Wiss. Mainz 1976/9.

[41] Auf ausdrücklichen Wunsch des Publikums wurde die ›Casina‹ des Plautus etwa eine Generation nach dem Tode des Dichters wiederaufgeführt (v. 11 ff. und F. Leo, Geschichte der römischen Literatur S. 212 ff.). — Der doppelte Schluß des ›Poenulus‹ und der ›Andria‹ sowie zahlreiche Schauspieler-Interpolationen im Text beweisen das gleiche, vgl. A. Thierfelder, De rationibus interpolationum Plautinarum, Leipzig 1929; O. Skutsch, RhM 100 (1957), S. 53—68.

[42] H. W. Prescott, Silent Rôles in Roman Comedy, CPh 31 (1936), S. 97—119, vgl. 32 (1937), S. 193.

[43] Zur Lösung des Problems fehlen wirklich durchschlagende Argumente. Für die Verwendung von Masken von Anfang an plädieren A. S. F. Gow, JRS 2 (1912), S. 65—77; W. Beare, The Roman Stage S. 303—309; M. Bie-

Eigentümlichkeiten der Szenenführung mit den Implikationen eines schnellen Rollenwechsels zu erklären;[44] diese müßten dann auf die griechischen Originale zurückzuführen sein.

Über den aktuellen Stand der Schauspielkunst können wir kaum präzise Angaben machen, doch waren die Anforderungen, welche das auf Unterhaltung versessene Publikum an die Schauspieler stellte, mannigfaltiger Natur. So bildete eine athletische Körperbeherrschung die Voraussetzung für das erforderliche Gestikulieren und Tanzen, vor allem aber mußten sie über eine starke und wohlausgebildete Stimme verfügen und immer auch Sänger sein.[45] Die große Bedeutung der Musik im römischen Drama bezeugen die erhaltenen Komödien. Reine Dialogpartien *(diverbia)* waren nur die in jambischen Senaren abgefaßten Szenen, die bei Plautus umfangmäßig nur ein gutes Drittel ausmachen; alles übrige bezeichnen die Handschriften als Gesangstück *(canticum)*.[46] Man unterscheidet heute zwischen Cantica im engeren Sinne (d. h. Liedern in lyrischen Versmaßen) und Szenen in trochäischen, jambischen oder anapästischen Langversen, die zur Flötenbegleitung rezitiert wurden.[47] In den attischen Komödien war das tänzerisch-musikalische Element gegenüber dem gesprochenen Wort in den Hintergrund getreten, die Römer haben also die Originale bewußt verändert und aus streng logisch konzipierten Sprechstücken locker gefügte operettenähnliche Singspiele gemacht.[48] Wie Plautus dazu kam, Dialoge durch Gesang zu ersetzen, und woher er die Anregung

ber, History S. 154 f.; G. E. Duckworth, The Nature of Roman Comedy, Princeton 1952, S. 92—94 (zurückhaltend). Vgl. dagegen K. Gaiser, Zur Eigenart der röm. Komödie, ANRW I, 2 (1972), S. 1038.

[44] So C. M. Kurrelmeyer, The Economy of Actors in Plautus, Diss. Baltimore 1929, Graz 1932; vorsichtiger G. E. Duckworth, Roman Comedy S. 96 ff.

[45] B. Warnecke, Die Vortragskunst der römischen Schauspieler, NJA 21 (1908), S. 704—713; ders.; Gebärdenspiel und Mimik der römischen Schauspieler, NJA 25 (1910), S. 580—594.

[46] W. Beare, The Roman Stage S. 209 ff.

[47] Plaut. Stich. 762 ff. wird der Flötenspieler ins Spiel einbezogen und zu einem Umtrunk eingeladen; sofort wechselt das Metrum zu jamb. Senaren. — Pers. 501 ff., Pseud. 998 ff. werden innerhalb einer Recitativo-Szene Briefe verlesen; auch hier markiert das Metrum den Einschnitt (vgl. Shakespeare, Macbeth I, 5).

[48] Die Strukturprobleme der röm. Komödie behandelt E. Lefèvre in: Römische Literatur, hrsg. von M. Fuhrmann, Frankfurt 1974, S. 46—52.

für die polymetrische Buntheit seiner Lieder bezog, darüber herrscht
keine einhellige Meinung; möglicherweise lebt in ihnen italische Tradition fort.[49] Terenz verzichtete dann zwar auf die Cantica, doch auch
bei ihm spielt die Musik eine bedeutende Rolle. Die Didaskalien ver-
zeichnen regelmäßig den Namen seines Komponisten: Er hieß Flaccus
und war Sklave eines Claudius. Da ihm die Wahl zwischen Instrumen-
ten verschiedener Klangfarbe freistand, hat seine Musik gewiß den
Charakter der Stücke mitgeprägt.[50] Ähnliches gilt für die republi-
kanische Tragödie, auch wenn uns hier die Texte fehlen. Cicero ver-
sichert, daß Kenner schon aus den ersten Tönen einer Melodie heraus-
hörten, ob diese aus einer ›Antiope‹ oder ›Andromache‹ stammte.[51]

Für römische Bürger zählte die gewerbsmäßige Schauspielkunst zu
den anrüchigen Berufen, und zwar ungeachtet der Tatsache, daß das
Theater in allen Bevölkerungsschichten sehr beliebt war. Ausgenommen
von der dem Schauspieler anhaftenden Infamie waren nur die Spieler
der Atellane, die aus Liebhaberei und ohne Nutzen daraus zu ziehen
auftraten. Die ersten Schauspieler hatte man einst aus Etrurien geholt,[52]
auch später überwogen Fremde, zumal Griechen;[53] die verhältnismäßig
wenigen Römer entstammten den niederen Schichten. Es bedeutet einen
krassen Gegensatz zu den griechischen Verhältnissen, daß viele von
denen, die auf der Bühne agierten, Sklaven waren; wenn sie Erfolg
hatten, konnte das Publikum für sie Freiheit erwirken.[54] Im 1. Jh.
v. Chr. ernteten einige Stars begeisterten Applaus und gelangten zu
Reichtum und hohem Ansehen, so der Tragöde Clodius Aesopus und

---

[49] S. o. S. 112 zu den *impletae modis saturae* des Livius. — Beste Darstellung: E. Fraenkel, Plautinisches im Plautus, Berlin 1922, Kap. 10.

[50] R. Dziatzko, E. Hauler, P. Terentius Afer, Phormio, 4. Aufl. Leipzig
1913 (Repr. Amsterdam 1967) S. 51; G. Wille, Musica Romana, Amsterdam
1967, S. 169 ff. m. Lit.

[51] Cic. Acad. 2, 20 (also Wiederaufführungen bekannter Stücke). Cicero
ist unser wichtigster Gewährsmann für Fragen des republikanischen Dramas,
vgl. W. Zillinger, Cicero und die altrömischen Dichter, Diss. Erlangen 1911;
F. W. Wright, Cicero and the Theater, Smith College Classical Studies 11,
Northampton, Mass. 1931; J. Blänsdorf, Das Bild der Komödie in der späten Republik, in: Festschr. A. Thierfelder, Hildesheim 1974, S. 141—157.

[52] Liv. VII, 2.4 ff., wo auch die etruskische Herkunft des Wortes histrio
(„Schauspieler") bezeugt wird.

[53] Ein Register aller republikanischen Schauspieler gibt Ch. Garton,
Personal Aspects (s. o. Anm. 37), S. 231—265.

[54] Sklaven: Plaut. Cist. 785, Trin. 990; Cic. Rosc. com. 27 ff., dazu Ch.
Garton 258. — Freisprechung: Cic. ad Att. IV, 15, 6; Suet. Tib. 47.

der Komöde Q. Roscius. Letzteren erhob Sulla in den Ritterstand,
und in den Augen Ciceros wäre er aufgrund seiner charakterlichen
Integrität sogar zum Senator befähigt gewesen.[55] Doch konnte auch ein
Roscius den gesellschaftlichen Status der Schauspieler in Rom nicht
nachhaltig verbessern — im Gegenteil: Als nach dem Absterben des
traditionellen Dramas vulgäre Zerstreuungen die Bühne eroberten,
rekrutierten sich die Schauspieler nur noch aus Sklaven und Frei-
gelassenen.

So ergibt sich trotz der Identität der Dramenstoffe und trotz mancher Ähnlichkeit in den äußeren Aufführungsbedingungen ein durchaus
verschiedenes Bild von den Theaterverhältnissen in Athen und in Rom.
Die griechischen Aufführungen waren aus dem Kult des Dionysos hervorgegangen, und obgleich man früh nach dem Wesen dieser kultischen
Bindung zu fragen begann, weil man sie nicht mehr unmittelbar empfand, dachte man doch nie daran, sie zu lösen, selbst dann nicht, als
außerhalb Athens die verschiedensten Feste sich mit dramatischen
Agonen schmückten. Die Organisation der Techniten-Vereine zeigt,
wie stark die dionysische Tradition fortwirkte.[56] Des weiteren stand
in den Stücken der attischen Klassiker der Chor als Repräsentant der
Polisgemeinschaft im Mittelpunkt, und der Wettstreit der Chöre um
den Sieg machte die Aufführungen zu einer Angelegenheit des ganzen
Volkes. Die Popularität von Tragödie und Komödie beruhte nicht zuletzt darauf, daß die Dramen immer auch aktuelle, „politische" Be-
züge aufwiesen.

In Rom war die Verwurzelung im Kult weniger ausgeprägt, und die
aktuelle Komponente fehlte so gut wie ganz. Für die Komödie hatte
Naevius einmal den entscheidenden Schritt in Richtung auf ein eigen-
ständiges italisches Spiel zu tun gewagt, aber die Machthaber tolerier-
ten keine öffentliche Kritik und schritten mit Gewalt gegen ihn ein.[57]
Das bedeutete für die Zukunft eine Beschränkung der Komödie auf
wenig brisante, leichtfertige Themen; sie wurde zusätzlich dadurch ent-

---

[55] Wichtigste Quelle ist Ciceros Rede für den Schauspieler Roscius, hierzu
W. Stroh, Taxis und Taktik, Stuttgart 1975, S. 104—159. — F. von der
Mühll, RE I A 1 (1914), Sp. 1123—5, s. v. Roscius (16).

[56] Vgl. S. 81 f.

[57] T. Frank, Naevius and Free Speech, AJPh 48 (1927), S. 105—110;
E. Fraenkel, RE Suppl. 6 (1935), Sp. 622—640, s. v. Naevius; E. V. Mar-
morale, Naevius poeta. Introduzione, testo dei frammenti e commento,
2. Aufl. Florenz 1950. — Eine Anspielung auf den im Gefängnis sitzenden
Dichter vermutet man hinter Plaut. Mil. 209 ff.

schärft, daß sie meistens im auswärtigen, griechischen Milieu spielte[58] und (zumal bei Plautus) aufgrund übersteigerter Komik eine realistische Abbildung aktueller Zustände ausschloß. In der die gesellschaftlichen Bedingungen ihrer Zeit spiegelnden Komödie mußte eine solche Traditionsabhängigkeit natürlich stark auffallen, mehr als in der idealisierenden Tragödie. Auch auf diesem Gebiet versuchte Naevius ein nationalrömisches Spiel zu etablieren; diesmal versagte ihm das mangelnde Interesse des Publikums einen durchschlagenden Erfolg.[59]

So dienten die importierten dramatischen Aufführungen in Rom der Ausschmückung staatlicher, später auch privater Feste und vor allem der Unterhaltung des Publikums.[60] Weder nahmen die Bürger aktiv an ihnen teil (soweit Chöre überhaupt auftraten, waren es natürlich keine Laienchöre römischer Bürger), noch gab es Dichteragone, in denen man hätte Partei ergreifen können.

Ungewöhnlich spät, i. J. 55 v. Chr., errichtete Pompejus das erste steinerne Theater in Rom. Es entstand zu einer Zeit, als die Lebenskraft

---

[58] Nur diese nach dem griechischen Bühnengewand *Fabula palliata* genannte Komödie blieb erhalten. Neben ihr entwickelte sich gegen Ende des 2. Jh.s aus Ansätzen, wie sie schon Naevius und Plautus (z. B. Curc. 462 ff.) zeigen, für kurze Zeit eine nationalrömische *Fabula togata*, die im kleinbürgerlichen Milieu italischer Landstädte spielte. Die Dichter dieser Togata (der bedeutendste Vertreter war Afranius; seine an Menander geschulte Kultiviertheit rühmt Horaz, Epist. II, 1, 57) übernahmen gleichwohl den dramatischen Aufbau, die Metrik und Musik von der Palliata, blieben also der griechischen Tradition verhaftet. — Zur Togata vgl. F. Leo, Geschichte der röm. Literatur, Berlin 1913 (Repr. Darmstadt 1967), S. 374 bis 384; W. Kroll, RE VI A 2 (1937), Sp. 1660—2, s. v. Togata.

[59] Dieses formal der Tragödie verwandte, in seinem Wesen gleichwohl untragische Spiel, das in der Regel der Verherrlichung einer historischen Persönlichkeit diente, hieß nach der mit einem Purpurstreifen besetzten Toga der hohen römischen Beamten *Fabula praetexta*. Nach Naevius haben sich auch Ennius, Pacuvius und Accius in diesem Genus versucht, das bis in die Kaiserzeit fortlebte: Erhalten ist allein die unter Senecas Namen überlieferte ›Octavia‹. Wegen ihres geringen dramatischen Gehalts konnten die Praetexten auf der Bühne nicht recht Fuß fassen und lebten selten über den Tag hinaus. Bedenkt man Ciceros Interesse an der römischen Geschichte, so muß es verwundern, daß er einzig den ›Brutus‹ des Accius erwähnt, und das auch nur deshalb, weil seine eigene Person dabei betroffen ist. Zur Praetexta: K. Ziegler, RE VI A 2 (1937), Sp. 1998—2001, s. v. Tragoedia; R. Helm, RE XXII, 2 (1954), Sp. 1569—1575, s. v. Praetexta (fabula).

[60] K. Gaiser, ANRW I, 2 (1972), S. 1106 ff.

des republikanischen Dramas schon erlahmt und Accius, der letzte
große Tragiker, gestorben war. Nicht zufällig enthielt das prunkvolle
Eröffnungsprogramm mehrere Reprisen berühmter alter Stücke.[61] Bemühungen um ein ständiges Theater gingen weit ins 2. Jh. zurück,
doch die Pläne scheiterten, kaum daß man sie in Angriff genommen
hatte.[62]

So blieben die für die frühesten Aufführungen geschaffenen Bedingungen mutatis mutandis bestehen. Wie bei der unteritalischen Phlyakenposse diente ein einfaches, mäßig erhöhtes hölzernes Podest *(pulpitum)* als Spielfläche; es wurde ebenso wie die Bänke für die Zuschauer
nach Beendigung der Aufführungen wieder abgebrochen. Der Standort wechselte; man spielte wohl beim Heiligtum desjenigen Gottes,
dessen Fest man gerade beging.[63]

Was wir von den äußeren Spielbedingungen wissen, verdanken wir
fast ausschließlich den Texten, zumal den Komödien des Plautus.[64]
Die langgestreckte Spielfläche stellte (analog zu den Verhältnissen im
griechischen Drama) in der Tragödie den Platz vor einem Palast, in
der Komödie eine Straße mit zwei oder drei Häusern dar,[65] und die
den Hintergrund bildende bemalte Wand wies eine entsprechende Anzahl von Türen auf. Vor diesen befand sich jeweils ein säulenge-
schmückter Vorbau *(vestibulum):* Hier konnten sich Lauscher verbergen, hierher verlegte man vielleicht auch die dem Publikum sichtbar
gemachten „Innenszenen". Ob die beiden seitlichen Zugänge zur Spielfläche auch im römischen Theater den topographischen Verhältnissen

[61] Cicero (ad Fam. 7, 1, 2) spottet über den geschmacklosen Aufwand von
Hunderten von Maultieren und Tausenden von Mischkrügen in den Tragödien; vgl. R. G. M. Nisbet zu Cic. Piso 65 (Oxford 1961).

[62] Erstmals schlossen die Zensoren des Jahres 179 einen Kontrakt für ein
theatrum et proscaenium ad Apollinis (Liv. 40, 51, 3), vgl. J. A. Hanson
(s. u. Anm. 75), S. 18—24. Ein weiterer Versuch i. J. 154 scheiterte auf Be-
treiben des Konsuls P. Cornelius Scipio Nasica, der um die guten Sitten
fürchtete *(nociturum publicis moribus,* Liv. Epit. 48 Ende).

[63] So fanden die Ludi Megalenses *in Palatio ... ante templum in ipso
Matris Magnae conspectu* statt (Cic. har. resp. 24), vgl. C. Saunders, TAPhA
44 (1913), S. 87—97; J. A. Hanson (s. u. Anm. 75), S. 9—26.

[64] Zum besonders ergiebigen Prolog des ›Poenulus‹ vgl. H. D. Jocelyn,
YCS 21 (1969), S. 97—123. — Stellen bei G. E. Duckworth, Roman
Comedy S. 80 ff.

[65] Im ›Amphitruo‹ (v. 50 ff.: *tragicomoedia)* und in den ›Captivi‹ wird
nur ein Haus benötigt.

Athens entsprachen, ist umstritten; jedenfalls sind Forum und Hafen jeweils in einander entgegengesetzter Richtung zu lokalisieren.[66]

In den römischen Theaterbauten gingen italische und hellenistische Elemente eine Synthese ein.[67] Von den drei griechischen Bestandteilen Orchestra, Skene und Zuschauerraum hatte die zentrale Orchestra ihre Bedeutung verloren, so daß Schauspieler und Zuschauer näher aneinanderrückten. Die vor dem Rund der Cavea verbliebene halbkreisförmige Freifläche (d. h. den Rest der alten Orchestra) nützte man für die Aufstellung von Ehrenplätzen. Des weiteren wurden die seitlichen Zugänge (Parodoi) überwölbt und mit Sitzplätzen versehen, wodurch man die Konzeption einer räumlichen Einheit förderte. Am meisten freilich fällt ins Auge, daß die Römer den Zuschauerraum nicht mehr an einem natürlichen Hang emporsteigen ließen. Die Theater der Hauptstadt lagen auf ebenem Terrain im Marsfeld, und die besondere Leistung der Architekten und Ingenieure bestand darin, daß sie den Sitzraum auf einem System tragender Gewölbe errichteten. Nach außen hin traten die Theater so mit einer monumentalen Fassade in Erscheinung. Durch eine Vielzahl von Toren und über Treppen und gewölbte Gänge erreichten auch größere Zuschauermassen mühelos ihre Plätze. T XIII, 1

Die durch den Fortfall der Orchestra bedingte größere architektonische Geschlossenheit machte es möglich, daß man — unter dem Einfluß des griechischen Odeion und Buleuterion (Rathaus)[68] — kleinere Theater in einen rechteckigen Grundriß einpaßte und mit einem Dach versah *(theatrum tectum).* Die beiden Theater von Pompeji veranschaulichen diese Entwicklung:[69] Während das ältere in hellenistischer Manier sich an einen Berghang lehnt, repräsentiert das benachbarte jüngere und wesentlich kleinere den Typus des überdachten Saales. Die späteren Theaterbauten in Rom schlossen dann zwar wegen ihrer Größe hölzerne Dachkonstruktionen aus, doch konnte man das Publikum vor

---

[66] W. Beare, The Roman Stage S. 240—247; G. E. Duckworth, Roman Comedy S. 85—88.

[67] Schon Vitruv (De architectura V, 5 ff.) hat die Unterschiede zwischen dem griechischen und dem römischen Theatergebäude hervorgehoben. Eine zusammenfassende Darstellung findet man bei Bieber, History S. 186 ff.; A. Boethius, J. B. Ward-Perkins, Etruscan and Roman Architecture, The Pelican History of Art, Harmondsworth 1970, S. 165—173 mit Anm. S. 561 f.

[68] H. A. Thompson, Hesperia 19 (1950), S. 90 ff.; B. Tamm-Fahlström, Eranos 57 (1959), S. 67—71.

[69] Grundrisse und Beschreibungen bei Bieber, History S. 170 ff.

Hitze und Regen durch riesige ausgespannte Zeltplanen *(velaria)* schützen.[70]

T XIII, 2   Frühzeitig hatte die Entwicklung vom schlichten hellenistischen Bühnenhintergrund zur immer höheren und prunkvolleren *scaenae frons* eingesetzt,[71] die schließlich in gleicher Höhe mit dem oberen Rand der Cavea abschloß. Man bemühte sich, die Fassade des mehrstöckigen Bühnenhauses durch Nischen und Vorsprünge aufzulösen und die Türen mittels Säulen und Giebeln hervorzuheben;[72] indem man die Architektur so zum eigenständigen Schmuckelement machte, verzichtete man mehr und mehr auf illusionistische Kulissenmalerei. Wir lesen von geradezu unglaublichem Ausstattungsluxus mit teuren Materialien schon in Zeiten, da die Theater noch nach wenigen Tagen wieder abgerissen wurden.[73]

T XII   Das von Pompejus errichtete steinerne Theater[74] wurde weder an Größe noch an Pracht in der Folgezeit übertroffen. Nach einem Zeugnis Tertullians hatte Pompejus die Anlage als einen Venustempel bezeichnet, unterhalb dessen sich die Sitzstufen für Theaterbesucher befanden. Der merkwürdige Tatbestand, daß hier eine bauliche Verbindung von Theater und Heiligtum gesucht und beabsichtigt war, wurde von der archäologischen Forschung bestätigt.[75] In der Mittelachse der

[70] L. R. Taylor in: Studies in Honour G. Norwood, Phoenix Suppl. 1, Toronto 1952, S. 147—152.

[71] S. o. S. 53.

[72] Von den drei Bühnentüren war nach Vitruv (V, 6, 8) die mittlere als das Tor eines Königspalastes *(aula regia)* gekennzeichnet, die beiden seitlichen als Zugänge zu bürgerlichen (?) Gastwohnungen *(hospitalia).*

[73] Als Sensation galt i. J. 58 die dreistöckige Skene des M. Aemilius Scaurus mit 360 Säulen aus Marmor, Glas und vergoldetem Holz. C. Scribonius Curio versuchte kurz darauf, dem mit technischer Raffinesse gleichzukommen, und ließ zwei hölzerne Theater Rücken an Rücken errichten, die man zu einem großen Amphitheater zusammendrehen konnte (Plin. NH 36, 114 ff.), vgl. Bieber, History S. 168 ff.; H. Drerup, Zum Ausstattungsluxus in der römischen Architektur, Orbis Antiquus 12, Münster 1957, S. 16 ff.

[74] E. Nash, Bildlexikon zur Topographie des antiken Rom, Tübingen 1962, II, 423 ff. Wir wissen von mehreren Umbauten; ein Fragment des severischen Marmor-Stadtplans (Forma Urbis Romae; vgl. O. Richter, Topographie von Rom, München 1901, S. 3—6) hat uns den Zustand nach der für die Jahre 209—211 bezeugten Restaurierung überliefert (Bieber, History Abb. 630).

[75] J. A. Hanson, Roman Theater-Temples, Princeton 1959, S. 43—55; vgl. dazu M. Bieber, AJPh 82 (1961), S. 322—327 und H. Kähler, Gnomon 34 (1962), S. 512—515; H. Drerup, Gymnasium 73 (1966), S. 194 f. mit Abb.

Cavea erhob sich auf ihrem oberen Rang ein Tempel der Venus Victrix, woraus sich eine Doppelfunktion von Zuschauerraum und Skenengebäude ergab: Sie waren einerseits Bestandteile einer einheitlich konzipierten Theateranlage und andererseits ausgerichtet auf den alles krönenden Tempel. Das Stufenhalbrund konnte man also auch als eine monumentale Freitreppe ansehen und das Bühnengebäude als Eingangstor. Den Eindruck einer geschlossenen Barriere scheint man bei dieser Skene bewußt vermieden zu haben, dafür spricht der Umstand, daß hinter ihr ein von Kolonnaden eingefaßter, kunstvoll angelegter Park lag, durch welchen man das Theater betrat. Neben dem Hauptheiligtum befanden sich auf der oberen Galerie noch Kultstätten mehrerer personifizierter Tugenden, welche Pompejus sich beizulegen pflegte. Kult und politische Propaganda waren also eng miteinander verquickt. Die Anlage des Pompejus-Theaters blieb kein Sonderfall. Vergleichbare Bauten entstanden während der Kaiserzeit in Afrika (z. B. Leptis Magna), in Gallien, Spanien und Italien. Während in Griechenland (Dionysos-)Tempel und Theater innerhalb des heiligen Bezirks isoliert nebeneinander bestanden, bildeten sie hier eine aufeinander bezogene architektonische Einheit.

Auch das Marcellus-Theater in Rom, dessen monumentale Reste T XIII, noch erhalten sind, scheint in Verbindung mit einem Heiligtum errichtet   1 worden zu sein.[76] Der Plan zu diesem Bau ging auf Caesar zurück, der mit ihm vielleicht ein Gegenstück zum Theater des Pompejus hatte schaffen wollen, zu seiner Verwirklichung aber nicht mehr kam; erst Augustus führte ihn aus und weihte ihn im Namen seines verstorbenen Neffen Marcellus. Gleichzeitig entstand ganz in der Nähe das letzte und kleinste Theater der Stadt, das des jüngeren L. Cornelius Balbus. Mit insgesamt ca. 30 000 Plätzen faßten die drei Theater weitaus weniger Menschen als das gigantische Amphitheater der Flavier, das sog. Colosseum, das i. J. 80 n. Chr. eingeweiht wurde. Schon ein solcher Vergleich macht deutlich, daß die Gladiatorenkämpfe und Tierhetzen in der Arena die dramatischen Aufführungen an Popularität alsbald überflügelten.

5. Das Theater der Kaiserzeit

Der Niedergang des Dramas war seit der ausgehenden Republik unübersehbar. In den großen Steintheatern spielte man nur mehr alt-

---

[76] E. Nash II, 418 ff.; zum Apollo-Tempel s. o. Anm. 62.

bewährte Stücke in einem dem Zeitgeschmack entsprechenden Gewande
— und zwar mehr Komödien als Tragödien —, während neue kaum
noch zur Aufführung gelangten. Die Tragödie bestand als Literatur-
form weiter und genoß unter den Gebildeten immer noch beträcht-
liches Prestige, aber von einer lebendigen, breite Volksschichten anspre-
chenden Kunst kann man nicht länger sprechen. Zur langen Reihe
dilettierender Tragödienverfasser zählen Caesar und Augustus ebenso
wie Ciceros Bruder Quintus oder die Dichter Lucan, Persius und
Statius; andere schrieben in griechischer Sprache und begaben sich damit
auf das Niveau reiner Stilübungen.[77] Nichts von alledem gelangte zur
Aufführung, nichts ist uns mehr greifbar.

Daneben hat sich erstaunlicherweise das Corpus der Tragödien
Senecas erhalten. Als literarische und geistige Denkmäler ihrer Zeit von
unschätzbarem Wert und hinsichtlich ihrer Wirkung auf die Entwicklung des europäischen Dramas eher noch bedeutsamer als die Stücke
der attischen Klassiker, tragen sie gleichwohl zur Erhellung des römischen Theaterwesens nur bedingt etwas bei, solange die alte Streitfrage
nicht entschieden ist, ob Seneca überhaupt noch mit der Möglichkeit
einer szenischen Realisation rechnen konnte. Daß diese Tragödien
grundsätzlich aufführbar sind, hat die Wirkungsgeschichte seit der
Renaissance hundertfach bewiesen, auch wenn aus der Antike nichts
über irgendeine Aufführung verlautet. Aus dem Schweigen unserer
Quellen sollte man keine voreiligen Schlußfolgerungen ziehen, weder
daß tragische Aufführungen herkömmlichen Stils in Neronischer Zeit
bereits endgültig ausgestorben waren, noch daß die Senecaischen Dramen von vornherein für die Lektüre oder für den Rezitationsvortrag
in privaten Zirkeln bestimmt waren.[78] Zur Stützung der letzteren
These hat O. Zwierlein innere Kriterien beizubringen versucht, doch
die reichen für einen endgültigen Nachweis nicht aus.[79]

---

[77] Belegstellen bei M. P. Nilsson, Zur Geschichte des Bühnenspiels in der
römischen Kaiserzeit, Lunds Univ. Ārsskrift 40, 1, 3 (1906), S. 8 Anm. 1.

[78] Nach Tacitus, Dialogus 2, 1 und 3, 3 f. hat Curiatius Maternus seine
Tragödien selbst rezitiert. Daneben gab es aller Wahrscheinlichkeit nach
auch den Vortrag durch ein Ensemble, zumal bei Tragödien mit Chor, wie
denen des Seneca. — G. Funaioli, RE I A 1 (1914), Sp. 435—446, s. v.
Recitationes; A. M. Guillemin, Le public et la vie litteraire à Rome, Paris
1937; O. Zwierlein, Die Rezitationsdramen Senecas, Beiträge zur klass.
Philologie 20, Meisenheim 1966.

[79] S. vorige Anm. — Zwierleins methodischer Ansatz, scheinbare Un-
stimmigkeiten der Handlung und Szenenführung als Bühnenfremdheit zu

Aus der Tatsache, daß andere Tragiker von Rang neben Seneca standen — so vor allem Pomponius Secundus[80] und der Dichter der pseudosenecaischen ›Octavia‹ — geht hervor, daß das literarische Interesse an der Tragödie keineswegs versiegt ist. Was wir allerdings über szenische Darbietungen im 1. Jh. n. Chr. erfahren, ist so vage, daß wesentliche Fragen ungelöst bleiben: 1) Beziehen sich einige Notizen zu Publikumsverhalten und schauspielerischer Leistung noch auf Tragödie und Komödie oder durchweg schon auf die an ihre Stelle tretenden Formen des Pantomimus und Mimus?[81] 2) Angenommen, es gab weiterhin Tragödienaufführungen, fanden diese dann vor einem breiten Publikum statt oder etwa im exklusiven Rahmen eines „Hoftheaters"? Letzteres anzunehmen liegt nahe, wenn man bedenkt, daß Nero persönlich in zahlreichen Rollen aufgetreten ist.[82] Zugleich stellt sich 3) das weitergehende Problem, ob überhaupt noch vollständige Tragödien aufgeführt wurden oder nicht vielmehr einzelne Glanzarien. Wenn der Kaiser als Solist in Maske und vollem Kostüm auftrat, dann natürlich ohne ernsthafte Konkurrenten, und eine „kreißende Canace" (die er dargestellt und gesungen haben soll) kann man sich am ehesten als eine pathetische Arie, eine reißerische Einzelnummer vorstellen.[83]

deuten und von daher ein Rezitationsdrama zu postulieren, stieß auf starke Bedenken. Aufschlußreich dazu B. Walker, CPh 64 (1969), S. 183—187; weiterführend: Senecas Tragödien, hrsg. E. Lefèvre, Darmstadt 1972; vgl. M. Rozelaar, Seneca, Amsterdam 1976, S. 536 ff.

[80] R. Hanslik, RE XXI, 2 (1952), Sp. 2356—2360, s. v. Pomponius (103).

[81] Tacitus berichtet mehrfach von ungebührlichen Übergriffen des Theaterpublikums, vgl. E. Koestermann zu Ann. 1, 54, 2. — Was Seneca, epist. 80, 7 ff. zur Situation der Schauspieler sagt, ist nicht zuletzt philosophischer Topos: Nimm die Maske ab und sieh, ein wie erbärmlicher Mensch zum Vorschein kommt. — T. Bollinger, Theatralis licentia. Die Publikumsdemonstrationen an den öffentlichen Spielen im Rom der frühen Kaiserzeit und ihre Bedeutung im politischen Leben, Diss. Basel 1967, Winterthur 1969.

[82] Nero ließ in seinen Gärten ein Privattheater anlegen (Plin. NH 37, 19; Tac. Ann. 14, 14). Zu seinem Repertoire tragischer Rollen Schanz-Hosius, Gesch. d. Röm. Lit. II (4. Aufl. München 1935), S. 429.

[83] Suet. Nero 21; L. Friedländer, Sittengeschichte II, 123 spricht von „halbdramatischen Konzertvorträgen". A. Lesky, Neroniana (1949), in: Ges. Schriften, Bern 1966, S. 342 ff.: „Diese Form tragischen Gesanges fügt sich mühelos in die griechische Entwicklung, die schon bei Euripides den Zerfall der Tragödie in ihre Teile ankündigt und die Monodien stark hervortreten läßt. Wie sich dies bei Ennius steigerte, hat F. Leo (Röm. Lit. S. 194) gebührend hervorgehoben. Es liegt in der Fortsetzung dieser Linie, daß im

Während also die alte Theatertradition im 1. Jh. n. Chr. bis auf
kümmerliche Rudimente erlosch,[84] gewannen neue, quasidramatische
Formen szenischer Darstellung das Interesse des Publikums: der thematisch mit der Tragödie verwandte Pantomimus,[85] in welchem mythologische Szenen allein durch stilisierten Bewegungsausdruck — ohne
Sprache und Gesang, jedoch mit solistischer oder orchestraler Musikbegleitung — dargestellt wurden, sowie der improvisierende, also um-
gangssprachliche, farcenhafte und oft obszöne Mimus.[86] Beide waren
griechischen Ursprungs,[87] hatten jedoch in Rom schon Wurzeln ge-

mittleren und neuen Griechisch τραγοῦδι Lied und τραγουδεῖν singen bedeutet." (S. 348). Vgl. S. 80 mit Anm. 248[a].

[84] A. Müller, Das Bühnenwesen in der Zeit von Constantin d. Gr. bis
Justinian, NJA 23 (1909), S. 36—55; L. Friedländer, Sittengeschichte II,
118 ff.

[85] E. Wüst, RE XVIII, 2, 2 (1949, abgeschl. 1938), Sp. 833—869, s. v.
Pantomimos; L. Friedländer, Sittengeschichte II, 125—138; O. Weinreich,
Epigramm und Pantomimus, Sitzungsber. Akad. Wiss. Heidelberg 1944/
48, 1; F. Weege, Der Tanz in der Antike, Halle 1926 (Repr. Hildesheim
1976), S. 156 ff.; M. Bieber, History S. 235 ff. — Die wichtigsten antiken
Quellen sind Lukian, De saltatione und Libanios, Pro saltatoribus or. 64
(= IV, 420 ff. Foerster).

[86] H. Reich, Der Mimus, Berlin 1903, Repr. Hildesheim 1974 (grundlegend, zu den Mängeln vgl. die RE XV, 2, Sp. 1728 verzeichneten Rezen-
sionen); E. Wüst, RE XV, 2 (1932), Sp. 1727—1764, s. v. Mimos; K. Vretska,
Kl. Pauly III (1968), Sp. 1309—1314; M. Herrmann, Die Entstehung der
berufsmäßigen Schauspielkunst, Berlin 1962 (geschr. vor 1942), S. 160 ff.;
M. Bonaria, Romani mimi, Rom 1965, S. 1—24 (Introduzione).

[87] Solistischen Ausdruckstanz gab es mindestens seit dem 4. Jh. (Xen.
Symp. 9), jedoch nicht unter dem Namen Pantomimos. P. im griechischen
Orient behandelt L. Robert, Hermes 65 (1930), S. 106—122. — Das aus
dem dorischen Raum stammende improvisierende und darum in der Regel
unliterarische Possenspiel des Mimos läßt sich sogar weiter zurückverfolgen
als die Komödie, doch wurde es, solange diese blühte, von ihr in den Schatten gestellt. Auch der von Platon hochgeschätzte Sophron macht da keine
Ausnahme; den durchweg kurzen Fragmenten (G. Kaibel, CGF S. 152
bis 182) ist nicht einmal mit Sicherheit zu entnehmen, ob es sich um wirkliche
Stegreifspiele handelte oder nur um Rezitationstexte (so K. Latte, Kl.
Schriften, München 1968, S. 497 ff.). Erst vom 3. Jh. an bildet sich — zunächst in Alexandreia — ein hellenistischer Mimus heraus, von dem wir
einige Papyrustexte besitzen, vgl. H. Wiemken, Der griechische Mimus,
Bremen 1972 (urspr. Diss. Göttingen 1951); A. Swiderek, Eos 47 (1954),
S. 63—74.

schlagen, bevor sie jetzt die Bühne ganz eroberten.[88] Der Pantomimen-
tänzer, der mit Hilfe wechselnder Masken und reicher Kostüme die
verschiedensten Personen nacheinander verkörperte, mußte über hohe
geistige und körperliche Vorzüge verfügen und nicht zuletzt über
erotische Ausstrahlung; vom Publikum verlangte seine Kunst eine gewisse Vertrautheit mit mythologischen Themen. Demgegenüber setzten
die ohne Maske agierenden, barfüßigen Mimenschauspieler von vornherein auf handfeste Effekte und derben Realismus. An der Spitze einer
etwa fünfköpfigen Truppe stand der *archimimus,* neben ihm spielte
der kahlköpfige, phallostragende Dummkopf *(stupidus)* eine heraus-
ragende Rolle. Frauenrollen waren grundsätzlich mit Frauen besetzt,
und die vielberedete, unerläßliche *nudatio mimarum* — ursprünglich
einmal ein Fruchtbarkeitsritus — diente als Striptease-Darbietung
nur mehr der Schaulust.

Aus dem halben Jahrtausend von Augustus bis Justinian besitzen wir
eine Fülle von Nachrichten über Mimen- und Pantomimenaufführun-
gen,[89] und zahlreiche Anekdoten haben sich um einzelne Darsteller
und Darstellerinnen gerankt. Diese Nachrichten sind für unsere Kenntnis der sozialen Verhältnisse der Kaiserzeit von unschätzbarem Wert,
denn sie erhellen schlaglichtartig, wie das Verlangen der *plebs urbana*
nach Unterhaltung für die Kaiser und die führenden Beamten zu
einem zentralen innenpolitischen Problem geworden war.[90] Das restlos
verweltlichte Theater befand sich in ständiger Konkurrenz zu den
Wagenrennen im Zirkus *(ludi circenses)* und den Gladiatorenwett-
kämpfen in der Arena *(munera)* und diente wie jene der Zerstreuung
und dem Sinnenkitzel. Daß es kaum noch einen Kunstanspruch erhob, ergibt sich aus dem Stegreifcharakter der Darbietungen. Wichtiger
aber ist dies: Das so veränderte Theater blieb populär wie in seinen
Anfängen, von den Kaisern nicht weniger favorisiert als von der

---

[88] Hinter der exakt auf das Jahr 22 n. Chr. datierten „Erfindung" des
Pantomimus durch Pylades und Bathyllos steckt wohl eine stilistische Er-
neuerung dieser Kunstübung. — Der Mimus erlangte zur Zeit Caesars durch
D. Laberius und Publilius Syrus vorübergehend literarischen Rang. Fragmente bei O. Ribbeck, Comicorum Romanorum Fragmenta, 3. Aufl. Leipzig
1898, S. 339 ff. und M. Bonaria, Romani mimi, Rom 1965. Im Laufe der
Zeit verdrängte er die Atellane als Nachspiel bei dramatischen Aufführungen (s. o. S. 113 f.).

[89] M. Bonaria S. 169—274: *fasti mimici et pantomimici.*

[90] Materialreich und anregend: J. P. V. D. Balsdon, Life and Leisure in
Ancient Rome, 2. Aufl. London 1974, Kap. 8.

Masse. Obwohl die Kirchenväter gegen seine Gottlosigkeit laut ihre Stimme erhoben,[91] gelang es ihnen nicht, die Aufführungen zu unterdrücken.

[91] Belegstellen bei Bonaria S. 14 ff. — H. Jürgens, Pompa Diaboli. Die lateinischen Kirchenväter und das antike Theater, Tübinger Beiträge zur Altertumswiss. 46, Stuttgart 1972; W. Weismann, Kirche und Schauspiele. Die Schauspiele im Urteil der lateinischen Kirchenväter unter besonderer Berücksichtigung von Augustin, Würzburg 1972. In beiden Werken reichhaltige Literaturangaben, vgl. I. Opelt, Gnomon 46 (1974), S. 416 ff. und 511 ff.

V. AUSBLICK

Mit dem Untergang der antiken Kultur erlosch die lebendige Theatertradition, im Westen eher als im byzantinischen Osten. Zum Fortleben der griechischen und lateinischen Dramatiker in der europäischen Literatur seien nur mehr einige Stichworte angefügt. In der Renaissance suchte man einen programmatischen Neubeginn und griff dafür direkt auf die klassischen Vorbilder, zumal die Römer, zurück. Gleichwohl hatten sich gewisse Spieltraditionen lebendig erhalten und fortentwickelt; so hat offenbar ein zentrales Thema der griechischen Tragödie, nämlich der Konflikt zwischen menschlichem Handeln und göttlichem Gesetz, ins mittelalterliche Passionsspiel hineingewirkt,[1] und einzelne Züge des improvisierenden römischen Mimus scheinen sich in die Commedia dell'arte gerettet zu haben.[2] Von der Lebenskraft antiker Dramenstoffe zeugen die zahlreichen bis heute unternommenen Neubearbeitungen,[3] und kaum hoch genug zu veranschlagen ist der Einfluß der antiken normativen Poetik auf die Entwicklung des europäischen Dramas. Selbst im Falle der Oper, wo doch etwas wesentlich Neues entstanden ist, bildete den Ausgangspunkt ein Versuch, das antike Bühnenspiel neu zu beleben. So erfährt auch der moderne Theaterbesucher, ohne daß er sich dessen bewußt zu werden braucht, noch mannigfache Beeinflussung durch die vorgeprägten antiken Muster. Wo er sich aber den übersetzten Originalen unmittelbar konfrontiert sieht — und gerade die namhaftesten Regisseure bemühen sich um eine zeitgemäße Realisierung auf unseren Bühnen — kann er sich, wie die Erfahrung lehrt, ihrer Wirkung kaum je entziehen.[4]

[1] J. H. Waszink, JAC 7 (1964), S. 139—148.
[2] H. Reich, Der Mimus S. 332 u. 675 ff.; A. Dieterich, Pulcinella, Leipzig 1897.
[3] In der Textreihe „Theater der Jahrhunderte" (Langen-Müller Verlag, München/Wien) wird der Versuch unternommen, einzelne Mythengestalten in ihren wechselnden dramatischen Ausprägungen zu dokumentieren. — Speziell zu Plautus: K. v. Reinhardstoettner, Plautus. Spätere Bearbeitungen plautinischer Lustspiele, Leipzig 1886.
[4] Zum Fortleben des antiken Theaters s. o. S. 1 Anm. 1. Stärksten Einfluß auf die gegenwärtige Bühnenpraxis übt Jan Kott, The Eating of the Gods, New York 1973 (dt.: Gott-Essen, München 1975) aus.

LITERATURVERZEICHNIS

Es werden hier nur wenige Werke zusammenfassenden Charakters genannt. Ein Sternchen * vor dem Titel weist auf eine weiterführende Bibliographie. Die wichtigsten Arbeiten zu Einzelproblemen wird der Benutzer in den Anmerkungen zu den betreffenden Abschnitten unschwer auffinden.

P. Arnott, Greek Scenic Conventions in the Fifth Century BC, Oxford 1962, Nachdr. Greenwood Press, Westport 1978.

H. C. Baldry, The Greek Tragic Theatre, London 1971.

W. Beare, The Roman Stage, 3. Aufl. London 1964.

* M. Bieber, The History of the Greek and Roman Theater, 2. Aufl. Princeton 1961.

H. Bulle, Untersuchungen an griechischen Theatern, Abh. Bayer. Akad. Wiss. 33, München 1928.

L. Deubner, Attische Feste, Berlin 1932, Nachdr. Darmstadt 1962.

W. Dörpfeld, E. Reisch, Das griechische Theater, Athen 1896, Nachdr. Aalen 1966.

* G. E. Duckworth, The Nature of Roman Comedy. A Study in Popular Entertainment, Princeton 1952.

* K. Gaiser, Zur Eigenart der römischen Komödie. Plautus und Terenz gegenüber ihren griechischen Vorbildern, in: Aufstieg und Niedergang der Römischen Welt I, 2, Berlin 1972, 1027—1113.

* P. Ghiron-Bistagne, Recherches sur les acteurs dans la Grèce antique, Paris 1976.

J. A. Hanson, Roman Theater-Temples, Princeton 1959.

* W. Jobst, Die Höhle im griechischen Theater des 5. und 4. Jahrhunderts v. Chr. Eine Untersuchung zur Inszenierung klassischer Dramen, Sitzungsber. Öst. Akad. Wiss. 268/2, Wien 1970.

H. Kenner, Das Theater und der Realismus in der griechischen Kunst, Wien 1954.

* A. Lesky, Die tragische Dichtung der Hellenen, 3. Aufl. Göttingen 1972.

* S. Melchinger, Das Theater der Tragödie. Aischylos, Sophokles, Euripides auf der Bühne ihrer Zeit, München 1974.

* H. J. Mette, Urkunden dramatischer Aufführungen in Griechenland, Texte und Kommentare 8, Berlin 1977.

A. Müller, Lehrbuch der griechischen Bühnenalterthümer, Freiburg 1886.

* A. W. Pickard-Cambridge, The Theatre of Dionysus in Athens, Oxford 1946.

A. W. Pickard-Cambridge, Dithyramb, Tragedy and Comedy, 2. Aufl. rev. T. B. L. Webster, Oxford 1962.

* —, The Dramatic Festivals of Athens, 2. Aufl. rev. J. Gould, D. M. Lewis, Oxford 1968.

H. Reich, Der Mimus. Ein litterar-entwickelungsgeschichtlicher Versuch, Berlin 1903, Nachdr. Hildesheim 1974.

* G. M. Sifakis, Studies in the History of Hellenistic Drama, London 1967.

E. Simon, Das antike Theater, Heidelberger Texte, Didaktische Reihe 5, Heidelberg 1972 (engl. Ausg. London 1982).

O. Taplin, The Stagecraft of Aeschylus. The Dramatic Use of Exits and Entrances in Greek Tragedy, Oxford 1977.

A. D. Trendall, T. B. L. Webster, Illustrations of Greek Drama, London 1971.

T. B. L. Webster, Griechische Bühnenaltertümer, Studienhefte zur Altertumswissenschaft 9, Göttingen 1963.

—, Greek Theatre Production, 2. Aufl. London 1970.

A. Wilhelm, Urkunden dramatischer Aufführungen in Athen, Wien 1906, Nachdr. Amsterdam 1965.

REGISTER

Umfassende Begriffe wie 'Theater', 'Tragödie', 'Komödie' sind nicht auf-
geschlüsselt; das einschlägige Material findet man unter den einzelnen Dich-
ternamen verzeichnet, dort auch die Zitate aus den Texten. Griechische
Dramentitel werden — wie in den Anmerkungen — in lateinischer Form
abgekürzt wiedergegeben, also Suppl(ices), nicht ›Hiketides‹, ›Hiketiden‹
oder ›Schutzflehende‹.

I. Namen und Stellen

II. Sachen

TAFELN

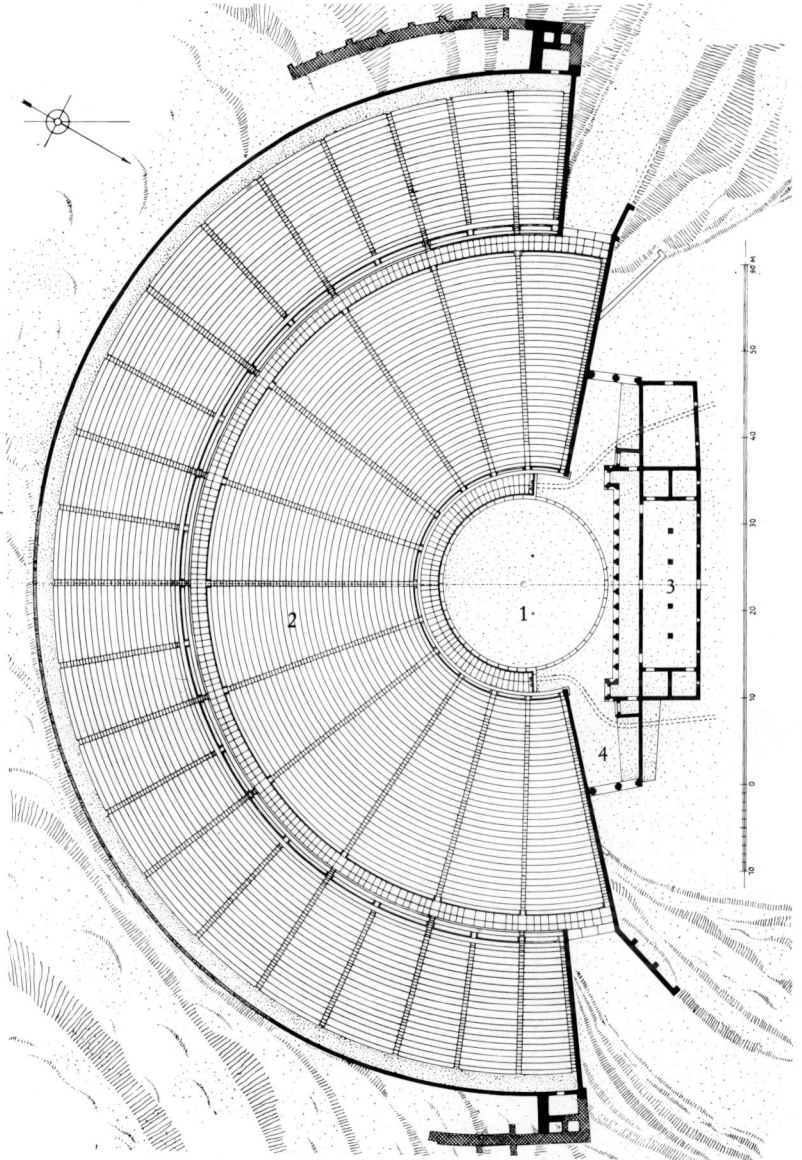

Das Theater von Epidauros (Grundriß)

1 Orchestra: Tanzplatz des Chores
2 Theatron (cavea): Zuschauerränge
3 Skene: Bühnenhaus mit vorgelagerter schmaler Proskeniumsbühne
4 Parodos: seitlicher Zugang für Chor, Schauspieler und Zuschauer

Die Entwicklung des Bühnengebäudes (Rekonstruktion E. Fiechter)

Das Theater von Priene (Karien)
1: Gesamtansicht   2: Rekonstruktion (A. v. Gerkan)

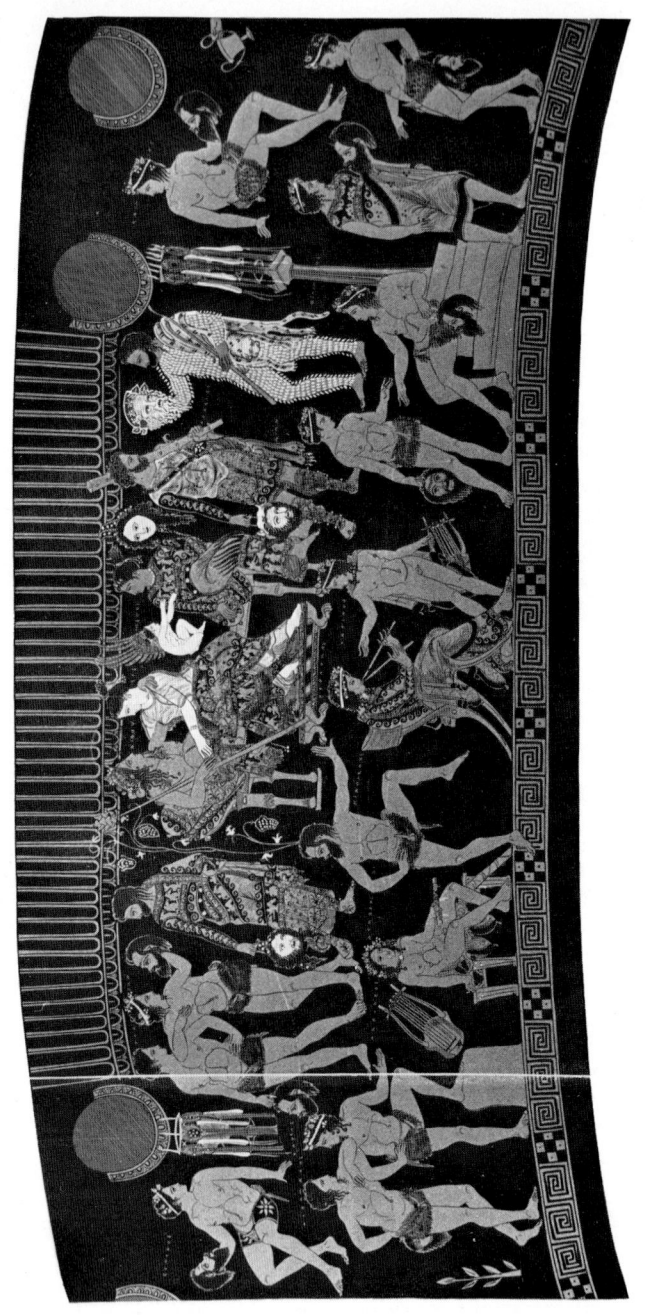

Dionysos und Ariadne umgeben von den Mitwirkenden an einem Satyrspiel (sog. Pronomos-Krater, um 400)

Tragödienschauspieler des 5. Jh. (Choreut und Mänade)

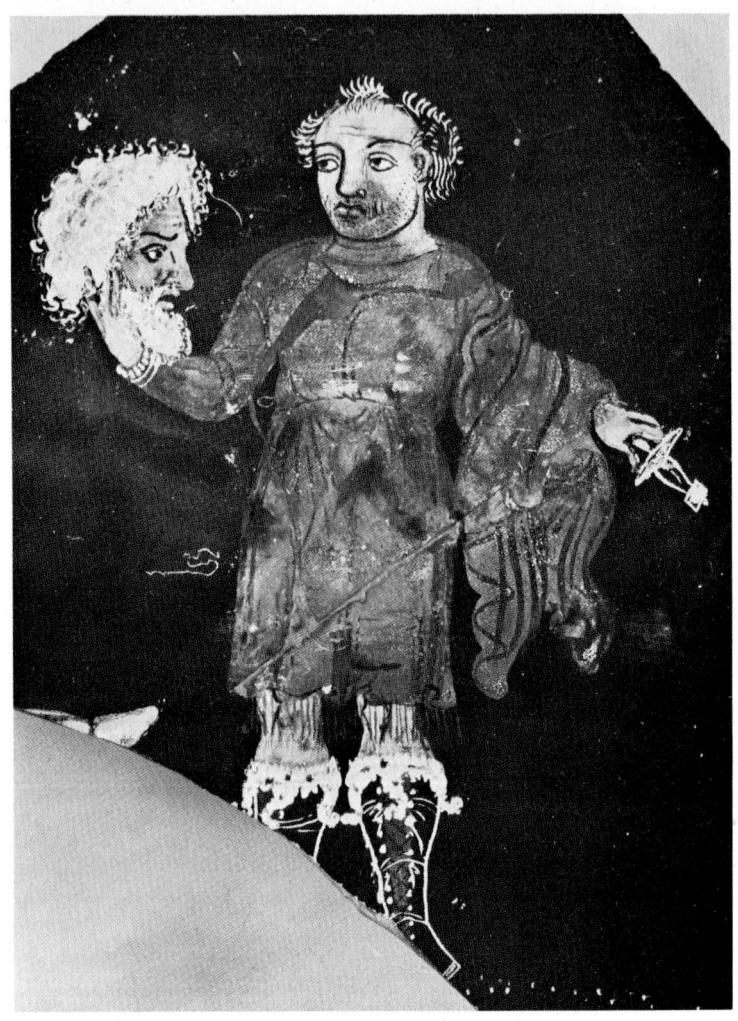

Schauspieler mit tragischer Maske (um 340)

Tragödienszenen
1: Iphigenie bei den Taurern   2: Medea ▷

Als Vögel kostümierte Tänzer (um 500)

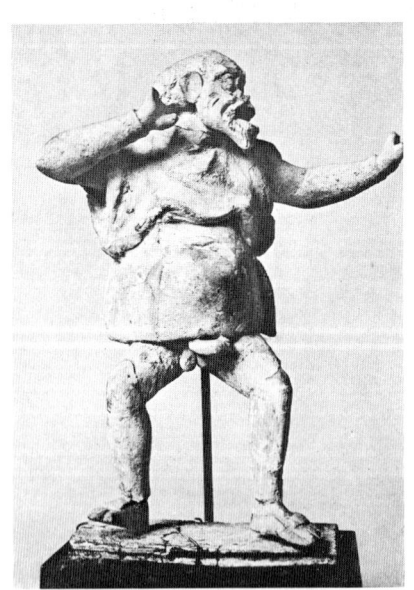 

Schauspieler der Alten und Mittleren Komödie (1. Viertel 4. Jh.)

Der Dichter Menander

Masken der Neuen Komödie
Jüngling — Sklave — Hetäre — Mädchen

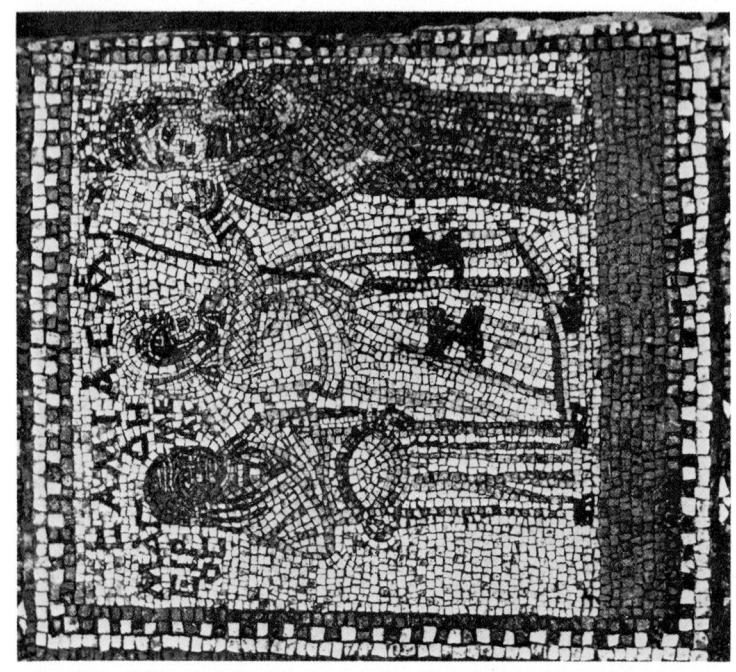

Szenen aus Komödien Menanders (3. Jh. n. Chr.)

Szenen aus Phlyakenpossen Unteritaliens (um 300)

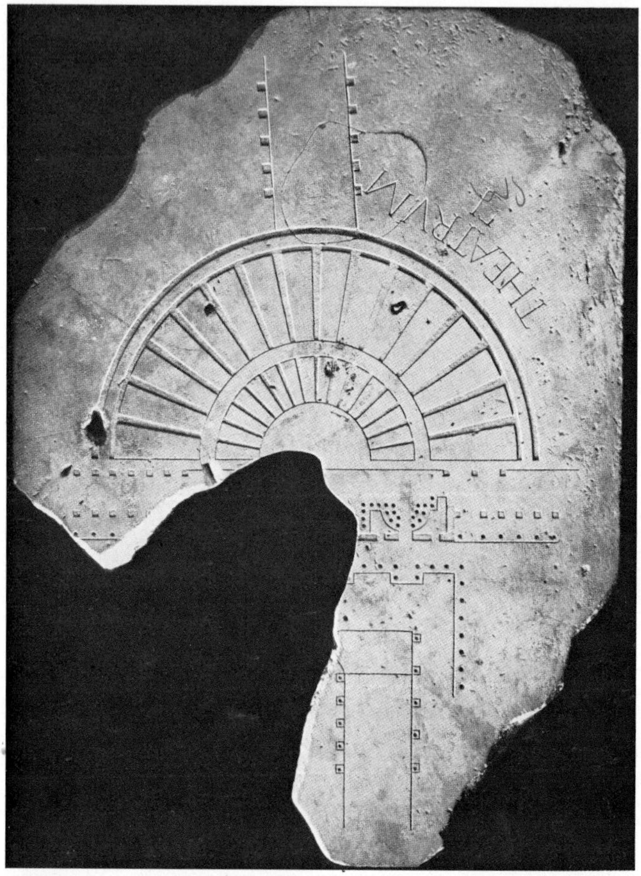

Das Theater des Pompeius in Rom
1: Darstellung auf einem antiken Stadtplan   2: Rekonstruktion (Canina)

Das Theater des Marcellus in Rom

Das Theater in Sabratha (Ribyen): Blick auf die scaenae frons

Römische Masken: Tragödie — Komödie

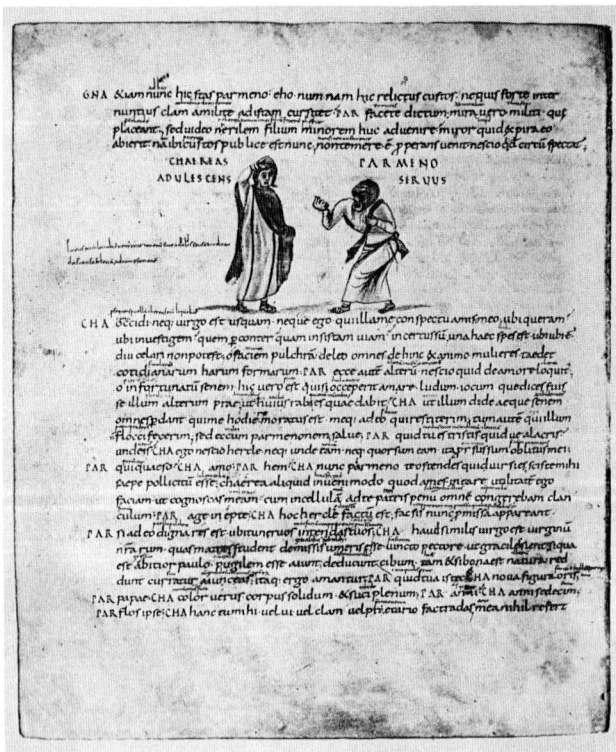

Illustration zu Terenz, Eunuch II, 3 (V. 292 ff.)

QUELLENNACHWEIS

Taf. I: *Das Theater von Epidauros (Grundriß)*
Aus: A. v. Gerkan, W. Müller-Wiener: Das Theater von Epidauros, Stuttgart 1961, Taf. 11.

Taf. II: *Die Entwicklung des Bühnengebäudes.* Rekonstruktionsversuch
(E. Fiechter) am Beispiel des Dionysostheaters in Athen
1) Die ursprüngliche Anlage: Dionysostempel und Orchestra
2) Die Skene zur Zeit des Aischylos
3) Die Skene in Perikleischer Zeit
4) Die hellenistische Skene
Aus: E. Fiechter: Antike griechische Theaterbauten VII: Das Dionysostheater in Athen, Stuttgart 1936, Abb. 29, 31, 34 (c), 38.

Taf. III: *Das Theater von Priene (Karien)*
1) Gesamtansicht. Blick vom Burgfelsen
2) Rekonstruktion des späthellenistischen Zustands
Aus: A. v. Gerkan: Das Theater von Priene, München 1921, Taf. IV, 1 u. XXXV.

Taf. IV: *Dionysos und Ariadne umgeben von den Mitwirkenden an einem Satyrspiel*
(Der sog. Pronomos-Krater um 400, Neapel)
Aus: A. Furtwängler, K. Reichhold: Griechische Vasenmalerei III, München 1932, Taf. 143—144.

Taf. V: *Tragödienschauspieler: Mänade und Choreut*
(Glockenkrater um 450, Ferrara)
Aus: T. B. L. Webster: Monuments Illustrating Tragedy and Satyr-Play, 2. ed., Bull. Inst. of Class. Studies, Suppl. 20, London 1967, Taf. I (a).

Taf. VI: *Schauspieler mit tragischer Maske*
(Bruchstück eines Kraters aus Tarent um 340, Würzburg)
Aus: E. Simon (Hrsg.): Führer durch die Antikenabteilung des Martin-von-Wagner-Museums der Universität Würzburg, Mainz 1975, Taf. 51.
(Mit Genehmigung des Martin-von-Wagner-Museums der Universität Würzburg.)

Taf. VII: *Tragödienszenen*
1) Iphigenie bei den Taurern (Kampanischer Glockenkrater um 330, Paris)
2) Medea (Apulischer Volutenkrater um 330, München)
Aus: A. D. Trendall, T. B. L. Webster: Illustrations of Greek Drama, London 1971, Abb. III, 3, 31 u. III, 5, 4.

Taf. VIII: *Alte und Mittlere Komödie*
1) Als Vögel kostümierte Tänzer (aus einer Komödie?)
(Oinochoe um 500, London)
Aus: M. Bieber: The History of the Greek and Roman Theater, Princeton 1961, Abb. 123.
2) und 3) Schauspieler der Alten und Mittleren Komödie (Terrakottafiguren aus dem 1. Viertel des 4. Jh.s, Berlin)
Aus: M. Bieber: Die Denkmäler zum Theaterwesen im Altertum, Berlin u. Leipzig 1920, Taf. 69, 1 u. 2.

Taf. IX: *Neue Komödie*
    1) Der Dichter Menander (Marmorrelief, nach einem Original des 3. Jh.s, Princeton)
    Aus: M. Bieber: The History of the Greek and Roman Theater, Princeton 1961, Abb. 316.
    2)—5) Masken der Neuen Komödie:
    2) Jüngling, 3) Sklave, 4) Hetäre 5) Mädchen
    Aus: A. W. Pickard-Cambridge: The Dramatic Festivals of Athens, 2. Aufl. Oxford 1968, Abb. 115, 127, 135, 139.

Taf. X: *Szenen aus Komödien Menanders*
    (Mosaiken aus Mytilene/Lesbos, 3. Jh. n. Chr.)
    1) ›Das Schiedsgericht‹ (Epitrepontes)
    2) ›Das Mädchen aus Samos‹ (Samia)
    Aus: S. Charitonidis, L. Kahil, R. Girouvès: Les mosaiques de la maison du Ménandre à Mytilène, in: Antike Kunst Beih. 6 (1970), Taf. 20, 1 u. 19, 1.

Taf. XI: *Die Phlyakenposse Unteritaliens*
    1) Zeus besucht Alkmene (›Amphitryon‹)
    2) Der altersschwache Chiron, von Sklaven unterstützt
    Aus: M. Bieber: Die Denkmäler zum Theaterwesen im Altertum, Berlin u. Leipzig 1920, Taf. 76 u. 82.

Taf. XII: *Das Theater des Pompejus in Rom*
    1) Darstellung auf einem antiken Stadtplan
    Aus: E. Nash: Bildlexikon zur Topographie des antiken Rom II, Tübingen 1962, Abb. 1218.
    2) Rekonstruktion des Inneren (nach Canina)
    Aus: J. A. Hanson: Roman Theater-Temples, Princeton 1959, Abb. 17. (Mit Genehmigung der Princeton University Press.)

Taf. XIII: *Erhaltene römische Theater*
    1) Das Theater des Marcellus in Rom. Die äußere Fassade
    Aus: M. Bieber: The History of the Greek and Roman Theater, Princeton 1961, Abb. 643.
    2) Das Theater von Sabratha in Libyen. Blick auf die scaenae frons
    Aus: Archäol. Anz. 1936, S. 558.

Taf. XIV: *Römische Masken*
    1) Tragische Maske (Mosaik)
    Aus: A. u. B. Maiuri: Das Nationalmuseum in Neapel, München 1958, S. 121.
    2) Komische Maske
    Aus: Skenika, 75. Winckelmannsprogr., Berlin 1915, Taf. IV.
    3) Illustration zu Terenz, Eunuch II, 3 (V. 292 ff.)
    (9. Jh., nach einer Vorlage des 4. Jh.s)
    Aus: Terentius, Cod. Vat. Lat. 3868 (= Codices et Vaticanis selecti 18), Leipzig 1929, S. 22^v.